Ein eindringliches Plädoyer für ein neues Menschenbild: Remo H. Largo, der große Humanist und Arzt, entwickelt eine Vision für ein besseres Leben, eine Gesellschaft, in der sich alle Menschen frei entfalten und glücklich sein können. Er zeigt, dass dafür ein neues Denken und Handeln nötig, aber auch möglich ist. Denn wir können nicht irgendein Leben leben, sondern nur unser eigenes. Zusammen mit allen anderen.

Remo H. Largo (1943–2020), studierte Medizin an der Universität Zürich und Entwicklungspädiatrie an der University of California, Los Angeles. Seit 1978 leitete er die Abteilung »Wachstum und Entwicklung« an der Universitäts-Kinderklinik Zürich. Er ist Autor zahlreicher wissenschaftlicher Arbeiten und Bestseller, die sich mit der menschlichen Entwicklung befassen. Seine Bücher (u. a. »Babyjahre«, »Schülerjahre«, »Jugendjahre«) gelten als Klassiker der Erziehungsliteratur. Bei S. Fischer erschien von ihm 2018 der Bestseller »Das passende Leben. Was unsere Individualität ausmacht und wie wir sie leben können«.

Weitere Informationen finden Sie auf www.fischerverlage.de

Remo H. Largo

Zusammen leben

Das Fit-Prinzip für
Gemeinschaft, Gesellschaft
und Natur

FISCHER Taschenbuch

Aus Verantwortung für die Umwelt hat sich der S. Fischer Verlag zu einer nachhaltigen Buchproduktion verpflichtet. Der bewusste Umgang mit unseren Ressourcen, der Schutz unseres Klimas und der Natur gehören zu unseren obersten Unternehmenszielen. Gemeinsam mit unseren Partnern und Lieferanten setzen wir uns für eine klimaneutrale Buchproduktion ein, die den Erwerb von Klimazertifikaten zur Kompensation des CO_2-Ausstoßes einschließt.
Weitere Informationen finden Sie unter:
www.klimaneutralerverlag.de

MIX
Papier aus verantwortungsvollen Quellen
FSC
www.fsc.org
FSC® C014496

Erschienen bei FISCHER Taschenbuch
Frankfurt am Main, April 2022

Grafiken: Peter Palm, Berlin
Satz: Dörlemann Satz, Lemförde
Druck und Bindung: GGP Media GmbH, Pößneck
Printed in Germany
ISBN 978-3-596-70707-2

Inhalt

»Ich habe mich sorgfältig gehütet, die Handlungen der Menschen zu belachen oder zu beklagen und zu verwünschen, sondern strebte nur, sie zu verstehen. Ich habe deshalb die menschlichen Gemütszustände … nicht als Fehler der menschlichen Natur, sondern als Eigenschaften betrachtet, welche ihr ebenso zukommen wie der Natur der Luft die Hitze, die Kälte, der Sturm, der Donner und ähnliches, was, wenn auch lästig, doch notwendig ist und seine feste Ursache hat.« *Baruch de Spinoza*

Vorbemerkung

Liebe Leserinnen und Leser,

während 300 000 Jahren haben unsere Vorfahren in Lebensgemeinschaften mit vertrauten Menschen und in der Natur gelebt. Diese Form des Zusammenlebens hat unser Wesen geprägt.

In den vergangenen 200 Jahren haben wir großartige wissenschaftliche, technologische und wirtschaftliche Leistungen erbracht. Dabei haben wir die Umwelt so sehr verändert, dass sie unseren Grundbedürfnissen immer weniger entspricht, uns mit ihren komplexen gesellschaftlichen und wirtschaftlichen Strukturen zunehmend überfordert und die Natur immer mehr zerstört.

Die Corona-Pandemie hat uns drastisch aufgezeigt, welch riesige gesellschaftliche, ökonomische und ökologische Herausforderungen sich uns stellen. Um sie zu bestehen, reicht unser gegenwärtiges Menschenbild aus längst vergangenen Zeiten nicht mehr aus. Nur wenn wir unser Wesen mit all seinen Stärken und Schwächen grundsätzlich überdenken, werden wir zeitgemäße Formen für ein solidarisches Zusammenleben in Gemeinschaft, Gesellschaft und mit der Natur finden.

Mit diesem Buch möchte ich einen Beitrag zu einem Menschenbild leisten, mit dem wir die Zukunft hoffentlich erfolgreich bewältigen können. Ich würde mich freuen, wenn Sie daran mitwirken würden,

mit herzlichen Grüßen,
Ihr Remo H. Largo

Einleitung

Ende Januar 2020. Das Manuskript liegt druckbereit auf dem Schreibtisch. Es handelt von unserer Gegenwart, einer Zeit, in der wir nicht nur am Abgrund einer ökologischen Katastrophe stehen, sondern in der es auch weltweit zu gesellschaftlichen, kulturellen und wirtschaftlichen Umbrüchen kommt. Die Menschen sind zutiefst verunsichert, sehnen sich nach existenzieller Sicherheit, Fürsorge und Solidarität. Damit wir diese riesigen Herausforderungen meistern können, brauchen wir nicht nur eine umfassende soziale, ökonomische und ökologische Vision, sondern auch ein vertieftes Verständnis von uns selbst. Dazu will dieses Buch einen Beitrag leisten. Ihm liegt ein Menschenbild zugrunde, das ich in »Das passende Leben« ausführlich beschrieben habe.

Das Manuskript liegt also bereit für den Versand an den Verlag. Dann bricht die Covid-19-Pandemie aus, und einem Kontrastmittel gleich zeigt sie drastisch das Ausmaß der Herausforderungen auf, vor denen wir heute stehen.

Zunächst war es nicht mehr als eine Kurzmeldung aus Wuhan, einer Millionenstadt in der chinesischen Provinz Hubei. Tausende von Menschen waren im Dezember 2019 an einer Coronavirusinfektion erkrankt und viele daran auch gestorben. Innerhalb weniger Wochen breitete sich die Viruskrankheit in ganz Asien aus, sprang auf Norditalien und den US-Bundesstaat Washington über und wuchs schließlich zu einer weltweiten Bedrohung. Die Sterblichkeit war 10- bis 30-mal höher als bei einer üblichen Influenzaepidemie. Anfang März 2020 waren mehr als 120 Länder betroffen, die WHO rief den Notstand einer Pandemie aus.

Das gesellschaftliche, kulturelle und wirtschaftliche Leben kam in vielen Ländern in kurzer Zeit weitgehend zum Erliegen. Die Krankenhäuser waren vom Ansturm schwerkranker Menschen völlig überfordert. Weite Teile der Wirtschaft wurden bis auf wenige lebensnotwendige Bereiche wie Lebensmittelgeschäfte und Apotheken stillgelegt. Die Entlassungen nahmen weltweit massiv zu. In den USA waren innerhalb weniger Wochen über 30 Millionen Menschen arbeitslos, mehr als in der Wirtschaftskrise der 1930er-Jahre. Existenzielle Ängste breiteten sich aus; überall auf der Welt kam es zu Hamsterkäufen. Die Regierungen waren gezwungen, Finanzpakete in unvorstellbarer Größe zu schnüren, um den Schaden in der Wirtschaft möglichst gering zu halten und für Millionen von arbeitslosen Menschen den Lebensunterhalt zu gewährleisten. Kulturelle Anlässe und sportliche Aktivitäten wurden eingestellt. Klubs, Theater und Opernhäuser wurden geschlossen, die Olympischen Spiele und die Fußball-Europameisterschaft auf das nächste Jahr verschoben. Im Verlauf der Wochen und Monate nach Ausbruch der Krise breiteten sich eine lähmende Leere, Hilflosigkeit und unbestimmte Furcht aus, die wir so noch nie erlebt hatten.

Die Lehren, die uns die Pandemie schon jetzt erteilt hat und die wir im Nachgang noch machen werden, sind überaus schmerzhaft. Im Rückblick werden wir jedoch, wenn wir die richtigen Schlüsse daraus ziehen, sie als hilfreich erachten. Denn die Herausforderungen, denen wir uns in den kommenden Jahren stellen müssen, werden noch weitaus größer sein.

Die Pandemie führte zu einem ausgeprägten Dominoeffekt: Einbruch von Börse und Wirtschaft, Arbeitslosigkeit und existenzielle Ängste, Überforderung des Gesundheits- und Bildungswesens, soziale Isolation und kultureller Stillstand. Den Menschen wurde schlagartig bewusst, wie hochgradig all diese Bereiche miteinander vernetzt sind. Und wie sehr sie auf Gedeih und Verderb von einer funktionstüchtigen Gesellschaft und Wirtschaft abhängig sind.

Anfang 2020 boomte die Börse wie nie zuvor. Sie war auf einem Allzeithoch. Großkonzerne wie Amazon und Google machten Milliardengewinne. Die Einkommen und Vermögen der Superreichen stiegen erneut an. 0,1 Prozent der Weltbevölkerung (8 Millionen Menschen) besitzen derzeit 81 Prozent des Weltvermögens; 99,9 Prozent der fast acht Milliarden Menschen teilen sich die restlichen 19 Prozent (Taxjustice; Piketty 2014, 2020). Der breiten Bevölkerung ging es bereits seit vielen Jahren nicht mehr gut. Die Reallöhne stagnierten in weiten Teilen Europas und den USA in der Unterschicht und seit mehr als zwei Jahrzehnten zunehmend auch in der Mittelschicht oder hatten sogar abgenommen. Viele Familien der Mittelschicht können mit ihrem Einkommen heute gerade noch ihren Lebensunterhalt bestreiten. Um die Mieten, Krankenkassenbeiträge und die Ausbildung ihrer Kinder zu bezahlen, müssen sie sich verschulden. Erspartes auf die Seite zu legen ist ihnen seit vielen Jahren nicht mehr möglich.

Seit die Gelbwesten 2018 in Frankreich auf die Straße gegangen sind, bricht sich die Unzufriedenheit weltweit Bahn. In Bolivien, Chile, Ecuador, Algerien, Italien, Malta, Albanien, Iran, Libanon, Ägypten und Äthiopien protestierten die Menschen gegen steigende Lebenshaltungskosten, Arbeitslosigkeit und Rentenreformen, Misswirtschaft und

Korruption, soziale und wirtschaftliche Ungleichheit. Es braut sich global ein brisantes Gemisch aus existenziellen Ängsten, emotionaler Verarmung und sozialer Entsolidarisierung zusammen, das sich noch verheerender als die Pandemie auf die – wie wir inzwischen wissen – sehr anfälligen Strukturen von Staat und Wirtschaft auswirken könnte.

Um die Ausbreitung des Coronavirus einzudämmen, wurden Schulen und Universitäten geschlossen, dann auch die Landesgrenzen; Flüge und Bahnverbindungen wurden eingestellt. Ausgangssperre und Social Distancing zwangen die Menschen in eine völlig ungewohnte soziale Situation. Sie sollten, wo sie sich doch in ihrer seelischen Not nach Nähe sehnten, Abstand nicht nur zu fremden Menschen, sondern selbst zu ihren Liebsten halten. Homeoffice, Homeschooling und das Zusammenleben auf kleinstem Raum überforderten Eltern und Kinder und setzten sie unter großen Stress. Der zwischenmenschliche Austausch in den Sozialen Medien stieg sprunghaft an. Die Gespräche nahmen nicht nur an Häufigkeit und Dauer zu, sie bekamen auch eine neue Qualität, wurden persönlicher und einfühlsamer. In Italien bedankten sich die Menschen mit Gesang und Musik und in Spanien mit Klatschen auf den Balkonen bei den Ärzten und Ärztinnen, Pflegern und Pflegerinnen dafür, dass sie sich für ihre Patienten bis zur Erschöpfung einsetzten. Die Pandemie machte den Menschen nicht nur bewusst, wie sehr sie auf Nähe und Geborgenheit, Zuwendung und soziale Anerkennung angewiesen sind, sondern auch wie groß der Mangel genau daran in der Gesellschaft mittlerweile geworden ist.

Die emotionale und soziale Vereinsamung vieler Menschen ist eine Folge tiefgreifender sozialer Verwerfungen. Sie haben innerhalb von wenigen Generationen dazu geführt, dass aus Großfamilien mit vielen Kindern Kleinfamilien mit ein bis zwei Kindern geworden sind. Die Scheidungsrate ist je nach Land um das Fünf- bis Zehnfache angestiegen, immer mehr Kinder werden von alleinerziehenden Eltern großgezogen. Lebensgemeinschaften, die über 300 000 Jahre hinweg die bestimmende Form des Zusammenlebens waren, sind in anonymen Massengesellschaften aufgegangen, für die wir eigentlich nicht geschaffen sind. Wir stehen untereinander in einem ständigen Wettbewerb. Wir müssen uns immer wieder aufs Neue als Partner, in der Familie und als Arbeitskraft bewähren und laufen ständig Gefahr, aus allen Beziehungsnetzen herauszufallen und sozial immer weiter zu vereinsamen. Emotionale und soziale Sicherheit gibt es für die meisten Menschen nur noch auf Zeit. Wir leben so, als ob wir auf beständige und tragfähige zwischenmenschliche Beziehungen und echte Wertschätzung durch unsere Mitmenschen verzichten könnten und für unser psychisches Wohlbefinden nicht darauf angewiesen wären.

Die wohl größte Herausforderung, die sich uns stellt, ist, die drohende Klimakatastrophe abzuwenden. Der einst hochgelobte Fortschritt hat albtraumartige Ausmaße erreicht. Die globale Erwärmung nimmt durch den ständigen Anstieg der Treibhausgasemissionen, insbesondere des Kohlenstoffdioxids, immer rascher zu, und damit werden auch die Perioden von extremer Trockenheit, Waldbrände, Wirbelstürme und Überschwemmungen häufiger. Hinzu kommen die Übernutzung von Ressourcen wie Erz, Kohle und seltenen Erden und eine überbordende Agrarindustrie mit Sojaanbau und Viehzucht, die sich – einem riesigen Kraken gleich – immer mehr der Natur bemächtigen. Die Urwälder werden abgeholzt, die Meere mit Chemikalien und Plastikmüll verschmutzt und damit die Biosphäre zerstört. Eine Million Arten, ein Fünftel aller Tier- und Pflanzenarten, sind unmittelbar vom Aussterben bedroht. Ein ökologischer Super-GAU wird – wenn wir nicht unverzüglich umdenken und handeln – in wenigen Jahrzehnten zu einer unerbittlichen Gewissheit.

Wir befinden uns an einem Wendepunkt in der Geschichte der Menschheit, vielleicht sogar des Planeten. Eine epochale Umwälzung von Gesellschaft, Kultur und Wirtschaft haben die Menschen in Europa bereits einmal vor etwas mehr als 200 Jahren gemeistert. Mit der Französischen Revolution wurde ein 1000 Jahre altes Feudalsystem hinweggefegt, und das Industriezeitalter begann seinen Aufstieg. Als geistiges Fundament für die Neuordnung von Gesellschaft, Kultur und Wirtschaft dienten die Grundsätze der Aufklärung wie Freiheit und gleiche Rechte für alle. Leibeigenschaft und Sklaverei wurden nach und nach abgeschafft. Grundsätze der Demokratie wie Wahlrecht, Parlament und Gewaltenteilung wurden zum geistigen Fundament der Nationalstaaten. Uns fehlt heute ein weitblickendes Gedankengut wie die Aufklärung und damit auch der Wille und die Kraft, um die riesigen Herausforderungen unserer Zeit anzugehen. Wir haben keine Vision, sondern fürchten uns vor dystopischen Zuständen, einer Entwicklung hin zum Negativen, schlimmstenfalls zur Apokalypse.

Im Fokus dieses Buches steht ein Menschenbild. Damit wir die großen sozialen, ökonomischen und ökologischen Herausforderungen der Zukunft erfolgreich bestehen können, brauchen wir ein vertieftes Verständnis von uns selbst. Ich habe mich mehr als vierzig Jahre lang mit der kindlichen Entwicklung und dem Wesen des Menschen beschäftigt. Aus meiner wissenschaftlichen und klinischen Tätigkeit ist ein Menschenbild entstanden, das ich als Fit-Prinzip bezeichnet habe (Largo 2017a, 2017b, 2019). Es besagt in Kürze: Jeder Mensch ist einzigartig. Wir alle wollen in Übereinstimmung mit einer Umwelt leben, in der wir die Grundbedürfnisse befriedigen und unsere Individualität leben können. In Teil I des Buches beschreibe ich in Kürze die wesentlichen Elemente des Fit-Prinzips. In Teil II geht es darum, zu verstehen, wie wir zu Treibern der soziokulturellen Evolution geworden sind, dabei großartige Leistungen erbracht, aber auch eine Umwelt geschaffen haben, die unseren Bedürfnissen immer weniger entspricht, und die Natur schwer beschädigt haben. Was treibt uns beispielsweise an, die Welt immer besser verstehen und beherrschen zu wollen, sie auszubeuten, selbst auf die Gefahr hin, sie zu zerstören? In Teil III schließlich werden mögliche Formen eines solidarischen Zusammenlebens in Lebensgemeinschaft, Gesellschaft und Natur aufgezeigt. Wir sind unter allen Lebewesen diejenigen mit der größten Anpassungsfähigkeit, aber auch wir sind nicht beliebig anpassungsfähig. So sind wir nicht für eine anonyme Massengesellschaft gemacht. Wir können unsere emotionalen und sozialen Grundbedürfnisse nur in einer Gemeinschaft von vertrauten Menschen befriedigen. Dafür müssen wir das Zusammenleben in Familie, Gemeinschaft und Gesellschaft neu gestalten.

Nicht nur wir Menschen, alle Lebewesen dieser Erde von den Bakterien bis zu den Pflanzen und Tieren wollen im Sinne des Fit-Prinzips in Übereinstimmung mit einer Umwelt leben, die ihnen entspricht. Mit allen Lebewesen in Solidarität zu leben ist nicht nur ein ethisches Gebot, sondern eine Überlebensfrage, denn ohne eine intakte Natur werden wir keine Zukunft haben.

Teil I Wer wir sind und wie wir leben wollen

Das Fit-Prinzip

> »Eine Eigentümlichkeit des Chamäleons ist sein Vermögen, zur gleichen Zeit nach verschiedenen Richtungen sehen zu können, mit dem einen Auge gen Himmel, mit dem anderen zur Erde. Es gleicht darin manchem Kirchendiener, der dasselbe ebenso gut kann.«
>
> *Alexander von Humboldt*

Am 23. Juni 1802 machten sich Alexander von Humboldt, sein Begleiter Aimé Bonpland und einheimische Führer an den Aufstieg zum 6310 Meter hohen Chimborazo in Ecuador. Sie schafften es nicht ganz auf den Gipfel des Vulkans. Dafür waren ihre Ausrüstung, Bekleidung und ihr Schuhwerk zu wenig geeignet. Zusätzlich machte ihnen die Höhenkrankheit schwer zu schaffen; sie litten an Atemnot, Brechreiz und Schwindel. Eine riesige Felsspalte zwang sie einige hundert Meter unterhalb des Kraters zur Aufgabe. Dennoch stellten sie für die damalige Zeit einen Höhenweltrekord auf. Auch wenn das nicht das Ziel der Unternehmung gewesen war.

Alexander von Humboldt faszinierte die Pflanzenwelt, die sie beim Aufstieg durchwanderten. Die Expeditionsmitglieder schleppten zahlreiche wissenschaftliche Instrumente wie Sextanten, Teleskope, Hygrometer, Barometer und Thermometer den Berg hinauf. Damit vermaßen sie den Vulkan, erfassten die gesammelten Pflanzen und ordneten sie den geographischen Zonen und den klimatischen Bedingungen zu.

Alexander von Humboldt war wohl einer der letzten in einer langen Reihe von Universalgelehrten, wie es sie seit der Frührenaissance immer wieder gegeben hat. Er betrieb Studien in 15 wissenschaftlichen Bereichen wie Botanik, Chemie, Physik und Geologie. Er saß nicht in seiner Gelehrtenstube und sann über den Sinn des Lebens und der Welt nach, sondern machte sich auf, das Leben in verschiedenen Gegenden der Erde zu erkunden. Auf seinen Reisen vom Amazonas bis zu den höchsten Gipfeln der Anden galt sein Hauptinteresse den Wechselbeziehungen zwischen den Pflanzen und Tieren und deren Umwelt. Er vermerkte in seinem Tagebuch: Alles ist Wechselwirkung. Alexander von Humboldt verfügte bereits vor mehr als 200 Jahren über ein ökologisches Verständnis der Natur – und einen humorvollen Blick auf Mensch und Tier.

Alle Lebewesen wollen in Übereinstimmung mit der Umwelt leben

Charles Darwin war vierzig Jahre jünger als Alexander von Humboldt. Er kannte die Schriften des wohl berühmtesten Gelehrten seiner Zeit und war fasziniert von dessen Reisebeschreibungen. Es erstaunt daher nicht, dass Darwin sich, als sich die Gelegenheit bot, im Dezember 1831 an Bord der *HMS Beagle* nach Südamerika aufmachte. Die Expedition hatte den Auftrag, die Atlantikküste von Brasilien bis zu den Feuerland-Inseln und die Pazifikküste von der Magellanstraße bis nach Peru sowie einige Südseeinseln kartographisch zu vermessen. Im Verlauf von mehr als fünf Jahren umsegelte die *HMS Beagle* den ganzen Kontinent. Darwin ging immer wieder für Wochen und Monate an Land und sammelte Pflanzen, Tiere und Fossilien. Er erkundete den Urwald des Amazonas, die Anden, die Grassteppen Patagoniens und erlebte ein schweres Erdbeben an der chilenischen Küste. Am 18. September 1835 erreichte die *HMS Beagle* San Cristóbal, die Hauptinsel des Galapagos-Archipels. Darwin begann erneut Pflanzen und Tiere auf den mehr als hundert Inseln zu sammeln. Der Direktor eines Strafgefangenenlagers machte ihn darauf aufmerksam, dass die Schildkröten, je nach Insel, auf der sie lebten, ein unterschiedliches Muster auf ihren Panzern aufwiesen. Dieser Hinweis sensibilisierte Darwin wahrscheinlich dafür, auf mögliche Unterschiede zwischen den Pflanzen und Tieren einer Gruppe auf den zahlreichen Inseln zu achten. Tatsächlich wurde er fündig; Finken und Spottdrosseln besaßen je nach der Insel, auf der sie lebten, unterschiedlich gestaltete Schnäbel und Gefieder (Weiner 1994). Der ursächliche Zusammenhang zwischen den verschieden gestalteten Merkmalen und den voneinander getrennten Lebensräumen ging Darwin jedoch erst auf der Heimreise und Jahre später auf. Im Oktober 1836 kehrte er, nachdem die *HMS Beagle* die Erde umrundet hatte, reich befrachtet nach England zurück. Seine Reisebeschreibungen und Notizen über Fossilien, Pflanzen und Tiere umfassten mehr als 2500 Seiten; zahlreiche Kisten waren vollgepackt mit 1529 in Spiritus konservierten Arten sowie 3907 Häuten, Fellen, Knochen und Pflanzen.

In den folgenden dreißig Jahren wertete Charles Darwin im regen Austausch mit anderen Gelehrten wie Biologen und Geologen seine Schätze aus und führte zahlreiche Studien mit unterschiedlichsten Fragestellungen durch. So beschäftigte er sich mit der Züchtung von Tauben und war erstaunt, welche tiefgreifenden Veränderungen etwa der Körpergröße oder der Ausprägung des Gefieders innerhalb von wenigen Generationen erzielt werden konnten. Charles Darwin war ein Leben lang überaus neugierig und verfügte über die außerordentliche Begabung, die Bedeutung der vielfältigen Erscheinungsformen und Verhaltensweisen bei Lebewesen richtig zu deuten, beispielsweise die Beziehung zwischen Mimik und Emotionen bei Mensch und Tier. Schließlich verfügte er über ein ausgeprägtes analytisches Denken, um Gemeinsamkeiten und Prozesse in der Natur aufzufinden. Seine grundlegenden Erkenntnisse veröffentlichte Charles Darwin in den beiden Büchern »Über die Entstehung der Arten im Thier- und Pflanzen-Reich« (1859) und »Die Abstammung des Menschen und die geschlechtliche Zuchtwahl« (1871). Darwins Evolutionstheorie sollte unser Verständnis vom Leben auf der Erde fundamental und bleibend verändern. Wie herausragend seine Einsichten waren, wird einem bewusst, wenn man bedenkt, dass zu jener Zeit die Strukturen und Funktionen der Körperzellen noch weitgehend unbekannt waren, der Zellkern mit seinen Chromosomen Jahrzehnte später entdeckt und das Genom, die Erbanlage, erst mehr als hundert Jahre später entschlüsselt wurde.

Grundprinzipien der Evolutionsbiologie

Die folgenden Grundprinzipien der Evolutionsbiologie liegen dem Fit-Prinzip zugrunde:

Alle Lebewesen sind aus einer ständigen Anpassung an die herrschenden Lebensbedingungen entstanden. So haben die Finken und Spottdrosseln auf den Galapagosinseln ihre Schnäbel im Verlauf von Generationen an die unterschiedlichen Früchte, Kerne und Samen auf den jeweiligen Inseln angepasst. Jedes Lebewesen, von den Bakterien bis zu den

Pflanzen, Tieren und dem Menschen, ist einzigartig in seiner Art und auch darin, wie es an seine Umwelt angepasst ist.

Unsere körperlichen Merkmale, geistigen und sozialen Fähigkeiten sind im Verlauf von Hunderttausenden von Jahren aus einer ständigen Auseinandersetzung mit der jeweiligen Umwelt hervorgegangen. Wenn wir verstehen wollen, weshalb wir so geworden sind, wie wir sind, müssen wir die Lebensbedingungen kennen, unter denen unsere Vorfahren gelebt haben.

Jedes Lebewesen kann nur in einer Umwelt leben, in der es seine Bedürfnisse zu befriedigen vermag. Sowohl Alexander von Humboldt als auch Charles Darwin haben erkannt, dass Pflanzen- und Tierarten nur unter bestimmten Umweltbedingungen gedeihen können.

So wie der Mensch im Verlauf der Evolution aus einem unablässigen Zusammenwirken von Anlage und Umwelt hervorgegangen ist, bemüht sich jeder Mensch von der Kindheit bis ins hohe Alter, seine Individualität in Übereinstimmung mit einer ihm gemäßen Umwelt zu leben. Er vollzieht gewissermaßen im Kleinen ein Grundprinzip der Evolution nach.

Die wichtigste Frage, die wir in diesem Buch beantwortet haben wollen, ist folgende: Wie müssen wir die Umwelt gestalten, damit möglichst alle Menschen ihre Grundbedürfnisse befriedigen können?

Jede Art von Lebewesen ist einzigartig, und jedes Lebewesen innerhalb einer Art ist einzigartig. Charles Darwins Erkenntnis wurde durch die Ergebnisse von zahlreichen Entwicklungsstudien und von der modernen Molekulargenetik bestätigt. Jeder der fast acht Milliarden Menschen, die heute die Erde bevölkern, ist einzigartig; es hat ihn zuvor nie gegeben, und es wird ihn in der Zukunft nie mehr geben (ausgenommen sind vereinzelte eineiige Zwillingspaare). Jeder Mensch ist ein Unikat und ist sich dessen auch bewusst. Er kann nicht irgendein Leben führen, sondern nur sein eigenes. Und so ist auch sein Lebensweg einzigartig.

Sämtliche Lebewesen, und so auch der Mensch, gehen auf einen gemeinsamen Ursprung zurück. Diese Einsicht Darwins hat die Molekulargenetik der letzten Jahrzehnte ebenfalls vollumfänglich bestätigt. So unglaublich es klingen mag: Bestimmte Anteile unserer Gene, die Desoxyribonukleinsäuren (DNS) gehen auf Lebewesen zurück, die die Erde vor mehr als 400 Millionen Jahre bevölkert haben. Wir sind nicht nur mit dem Schimpansen zu 95 bis 98 Prozent genetisch verwandt, sondern – wenn auch in sehr unterschiedlichem Ausmaß – mit allen anderen Lebewesen wie den Finken und Schildköten auf Galapagos oder dem Schnabeltier in Australien. Wir teilen ein gemeinsames Erbgut mit Bienen, Würmern und selbst mit der Weinrebe und dem Schimmelpilz (Largo 2017b).

In einer Zeit der globalen Bedrohung von Natur und Umwelt sollte uns die wunderbare Erkenntnis, dass wir Menschen ein integraler Teil der Schöpfung sind, mit Demut erfüllen und uns solidarisch mit allen Lebewesen dieser Erde machen. Und sie sollte uns die überwältigende Verantwortung bewusst machen, die wir der Natur gegenüber haben.

Doch wie muss die Umwelt gestaltet sein, damit wir ein selbstbestimmtes Leben führen können, das unserer Individualität entspricht? Um diese Frage beantworten zu können, brauchen wir einerseits ein Menschenbild, das der Vielfalt unter den Menschen möglichst gerecht wird. Und andererseits müssen wir begreifen, wie sehr wir im Verlauf der soziokulturellen Evolution unsere Lebenswelt nicht nur zu unserem Vorteil, sondern immer mehr auch zu unserem Nachteil verändert und dabei Natur und Umwelt massiv beschädigt haben. Erst wenn wir erkennen, welche entscheidende Rolle wir selbst und insbesondere unsere Grundbedürfnisse dabei spielen, schaffen wir es, die Umwelt so zu gestalten, dass wir ein passendes Leben führen können und der Natur keinen Schaden mehr zufügen.

Die Grundelemente des Fit-Prinzips

Jeder Mensch ist einzigartig.
Jeder Mensch will seine Grundbedürfnisse befriedigen.
Jeder Mensch will seine Kompetenzen entfalten und nutzen.
Jeder Mensch macht sich seine eigenen Vorstellungen und Überzeugungen.
Jeder Mensch strebt danach, selbstbestimmt seine Individualität in Übereinstimmung mit der Umwelt zu leben.

Das sind die Grundelemente des Fit-Prinzips. Doch worauf gründen sie? Wesentliche Elemente, die im Fit-Prinzip enthalten sind, haben Wissenschaftler verschiedener Fachrichtungen in den vergangenen Jahrzehnten bereits vorgedacht. So verwendeten die Kinderpsychologen Stella Chess und Alexander Thomas (1984) in ihrer Publikation den Begriff »Goodness of fit«. Er besagt, dass ein Kind sich dann wohlfühlt und gut entwickelt, wenn sich die Eltern in der Art und Weise, wie sie das Kind umsorgen, auf sein Temperament und seine Motivation einstellen. Das Fit-Prinzip will der Einzigartigkeit jedes Menschen und seinem individuellen Umgang mit der Umwelt auf eine umfassende Weise möglichst gerecht werden.

Es ist überaus schwierig, sich bei Erwachsenen ein kohärentes Bild von der menschlichen Psyche zu machen. Wenn man aber Hunderte von Kindern von der Geburt bis ins Erwachsenenalter begleiten darf, wird man Zeuge, wie sie ihre Grundbedürfnisse im Verlauf der Jahre entwickeln, welche Emotionen damit einhergehen und wie die Kinder ihre Bedürfnisse befriedigt haben wollen. Man kann beobachten, wie sie sich Fähigkeiten etwa Motorik und Sprache aneignen und Fähigkeiten zu Fertigkeiten wie Lesen und Schreiben verbinden. Und man erlebt, wie die Kinder zu Vorstellungen kommen, beispielsweise über Moral, Raum und Zeit.

Genau diese Erfahrungen durfte ich während mehr als dreißig Jahren in meiner wissenschaftlichen und klinischen Tätigkeit machen. In den Zürcher Longitudinalstudien haben wir in zwei aufeinanderfolgenden Generationen mehr als 700 Kinder von der Geburt bis ins Erwachsenenalter begleitet (Largo 2017b). Wir haben dabei zahlreiche Aspekte der körperlichen und psychischen Entwicklung bei jedem einzelnen Kind festgehalten, so die Entwicklung von Sprache und Motorik oder des Ess- und Schlafverhaltens. Die erhobenen Daten verhalfen uns zu einem vertieften Verständnis der Gesetzmäßigkeiten der kindlichen Entwicklung, der Vielfalt unter den Kindern und der Einzigartigkeit jedes Kindes. Daraus entstand im Verlauf von Jahrzehnten ein umfassendes Menschenbild, dem drei Komponenten zugrunde liegen: Grundbedürfnisse, Kompetenzen und Vorstellungen (Largo 2017b, 2019).

Kinder wollen ihre Grundbedürfnisse befriedigt haben, etwa dasjenige nach Geborgenheit. Sie wollen ihre Kompetenzen wie das logisch-mathematische Denken entfalten und nutzen. Und sie entwickeln ihre individuellen Vorstellungen und Überzeugungen. Ermöglichen wir ihnen dies, fühlen sie sich körperlich und psychisch wohl und verfügen über ein gutes Selbstwertgefühl und eine gute Selbstwirksamkeit. Ein passendes Leben führen, in Übereinstim-

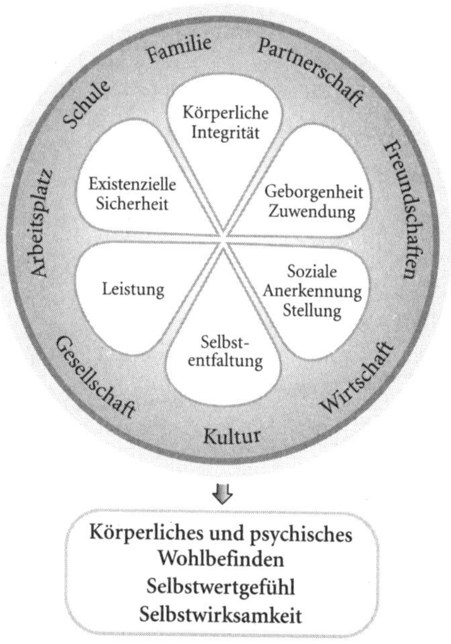

Fit-Konstellation: Übereinstimmung zwischen Individuum und Umwelt. Weiß: Individuum mit seinen unterschiedlich ausgeprägten Grundbedürfnissen; dunkel: Umwelt.

mung mit der Umwelt leben wollen nicht nur die Kinder, sondern die Menschen jeden Alters.

Das Konzept der Grundbedürfnisse geht auf den Psychologen Abraham Harold Maslow (1981) zurück. Er ist in seinem Bemühen, die Individualität eines Menschen zu erfassen, von fünf Grundbedürfnissen ausgegangen: physiologische, soziale und Individualbedürfnisse sowie ein Bedürfnis nach Sicherheit und eines nach Selbstverwirklichung. Das Fit-Prinzip baut, wie aus der Graphik ersichtlich, auf sechs Grundbedürfnissen auf. Die körperliche

Integrität umfasst alle Bedürfnisse wie Ernährung, Schlaf und Gesundheit, die zum körperlichen Wohlbefinden beitragen. So will ein Säugling mit Nahrung versorgt und gepflegt werden. Die beiden Grundbedürfnisse Geborgenheit und Zuwendung sowie soziale Anerkennung und sozialer Status bestimmen das psychische Wohlbefinden. Ein Kind im Kindergarten will sich bei der Erzieherin geborgen fühlen und ausreichend Zuwendung bekommen. Ein Angestellter will von seinen Mitarbeitern akzeptiert werden und eine Stellung unter ihnen einnehmen, die ihm entspricht. Die Grundbedürfnisse Selbstentfaltung und Leistungsbereitschaft beinhalten die Entfaltung der Kompetenzen sowie deren Anwendung beim Erbringen von Leistungen. So will sich ein Kind Sprache aneignen und ein Schüler seine Fähigkeiten beim Lesen und Schreiben einsetzen. Das Grundbedürfnis nach existenzieller Sicherheit schließlich besteht darin, in einem umfassenden Sinn für den Lebensunterhalt und das materielle Wohl zu sorgen. Die sechs Grundbedürfnisse sind unter den Menschen, aber auch bei jedem einzelnen Menschen unterschiedlich angelegt.

Eine weitverbreitete Methode, um die kognitive Leistungsfähigkeit eines Menschen zu erfassen, sind Intelligenztests. Eine einzelne Zahl wie der Intelligenzquotient vermag jedoch die Vielgestaltigkeit unserer Fähigkeiten nur ungenügend wiederzugeben. Howard Gardner führte daher 1983 den Begriff der multiplen Kompetenzen in die Psychologie ein. Im Fit-Prinzip gehen wir von acht Kompetenzen aus. Dazu gehören nicht nur die der Leserschaft vertrauten Kompetenzen wie Sprache, figural-räumliche Wahrnehmung und logisch-mathematisches Denken, sondern auch soziale Kompetenzen wie das Erfassen der Körpersprache, musikalische Kompetenzen wie Singen und Tanzen, fein- und grobmotorische Kompetenzen wie Zeichnen und Tennisspielen, zeitlich-planerische Kompetenzen wie Zeitverständnis und Organisation des Alltags und körperliche Kompetenzen wie Körpergröße und sexuelle Attraktivität. Alle Kompetenzen sind wiederum nicht nur von Mensch zu Mensch, sondern auch beim einzelnen Menschen unterschiedlich angelegt.

Die dritte Komponente des Menschenbilds im Fit-Prinzip sind die Vorstellungen und Überzeugungen. Sie gehen aus den Grundbedürfnissen hervor, wie Liebe und Hass aus demjenigen nach Geborgenheit, und aus den Kompetenzen wie Zahlenverständnis und Zeitvorstellungen. Überzeugungen, etwa moralische oder politische, werden von der sozialen Umwelt übernommen. Bestimmte Überzeugungen wie beispielsweise darüber, was den Lebenssinn ausmacht, sind Ausdruck der Grundbedürfnisse und Kompetenzen sowie der individuellen Lebenserfahrungen. Jeder Mensch macht sich seine eigenen Vorstellungen und Überzeugungen. Sie sind also inhaltlich wiederum von Mensch zu Mensch verschieden ausgestaltet.

Das Fit-Prinzip haben wir in der Klinik seit den 1990er-Jahren bei der Abklärung und Behandlung von Tausenden von Kindern immer wieder auf seine Tauglichkeit hin überprüft und weiterentwickelt. Die Kinder, die uns zugewiesen wurden, litten an Entwicklungs- und Verhaltensstörungen, belastenden Lebenserfahrungen wie Scheidungen oder schulischen Schwierigkeiten. Das Fit-Prinzip half uns, die Stärken und Schwächen der Kinder zu erfassen und Misfit-Situationen, eine fehlende Übereinstimmung zwischen dem Kind und seiner Umwelt, zu verstehen. Das Fit-Prinzip verschaffte uns auch ein besseres Verständnis der Eltern und ihrer Lebenssituation, etwa davon, wie ihre

Grundbedürfnisse, Kompetenzen und Vorstellungen angelegt sind, wie wichtig das Familienleben und die berufliche Tätigkeit für ihr Selbstwertgefühl sind oder wie sehr sie von existenziellen Ängsten geplagt werden. (Leser und Leserinnen, die sich umfassender mit der Bedeutung, die das Fit-Prinzip im Leben des einzelnen Menschen hat, beschäftigen möchten, finden ausführliche Angaben dazu in meinen Büchern »Das passende Leben« und »Kinderjahre«.)

Für ein neues Menschenbild

Seit Jahrtausenden umkreisten unsere Vorfahren das Wesen Mensch
mit unterschiedlichsten Vorstellungen, angepasst an die Umwelt und Zeit, in der sie lebten.
Nun haben wir die Umwelt in kurzer Zeit grundlegend verändert, ein entsprechendes Menschenbild dafür haben wir aber noch nicht gefunden.

Wann sich unsere frühesten Vorfahren erstmals ein Bild von sich selbst gemacht haben, wissen wir nicht. Immerhin geben uns ihre Bestattungsriten und Grabbeigaben einen Hinweis darauf, dass sie bereits vor 70 000 bis 100 000 Jahren über den Tod und das Jenseits nachgedacht haben. Sie verfügten also über ein Bewusstsein, ein Zeitverständnis und eine Vorstellung vom Lebensbogen und damit auch von sich selbst.

Seit 2500 Jahren gibt es schriftliche Zeugnisse wie das Alte Testament, die uns davon berichten, welche Menschenbilder Religionsgründer, Philosophen und Geschichtenerzähler unter den Menschen verbreitet haben. Die Vorstellungen waren so vielfältig wie die Kulturen. Sie waren aber immer auf das engste mit den jeweiligen Lebensweisen verknüpft. So umfassten sie soziale Regeln, etwa die Zehn Gebote, wie die Menschen miteinander umgehen sollen, was für Pflichten sie zu erfüllen haben und welchen Tugenden sie nacheifern sollen. Die Menschenbilder dienten unseren Vorfahren nicht nur dazu, sich im jetzigen Leben zurechtzufinden, sie stellten immer auch einen Bezug zum Jenseits her. Die Menschen wandten sich mit Gesängen und Ritualen an Naturgötter, die noch heute in bestimmten Kulturen verehrt werden, an menschenähnliche Götter, wie sie in den Mythen der Antike beschrieben werden, oder an einen allmächtigen Gott, wie er in den monotheistischen Religionen verehrt wird. Die Menschenbilder der Vergangenheit orientierten sich immer an der aktuellen Gemeinschaft. In manchen Kulturen verstehen sich die Menschen auch heute noch als ein Teil der Gemeinschaft und weit weniger als eigenständige und selbstbestimmte Individuen. Genauso wie der Gemeinschaft fühlten sich die Menschen auch der Umwelt zugehörig. So lag dem jeweiligen Menschenbild immer auch ein Welt(en)bild zugrunde. Beides, Mensch und Umwelt, wurde seit Menschengedenken als Dualismus gedacht. Die Vorstellung einer Zweiteilung alles Seienden, also von Mensch und Umwelt, in Materie und Geist findet auch heute unter den Menschen eine breite Zustimmung.

Wo befinden sich Geist und Seele? Während sehr langer Zeit haben die Menschen die Seele und alle geistigen Fähigkeiten im Herzen beheimatet. Es gab aber bereits im antiken Ägypten und in Griechenland Gelehrte wie Hippokrates von Kos (ca. 460–370 v. Chr.), die überzeugt waren, dass das Gehirn der Sitz von Gefühlen und geistigen Fähigkeiten ist. Der französische Philosoph René Descartes (1596–1650) ging davon aus, dass Bewusstsein und Gefühle, Denken und Handeln Ausdruck einer unsterblichen und immateriellen Seele seien, die sich in der Zirbeldrüse, einem kleinen Organ in der Mitte des Gehirns, befinde. Eine weitverbreitete Vorstellung während der Aufklärung war, dass Geist und Seele ihren Sitz in den Hirnventrikeln haben.

In der Frührenaissance begannen sich die Gelehrten für den Aufbau und die Funktion der Körperorgane und so auch für das Gehirn zu interessieren. Leonardo da Vinci (1452–1519) sezierte im Geheimen Leichen und hielt seine Erkenntnisse über das Gehirn, die Nerven und Muskeln in wunderbaren Zeichnungen fest. Andreas Vesalius (1514–1564) betrieb in Padua ausgedehnte anatomische Studien. Er stellte in detaillierten Abbildungen nicht nur die unterschiedlich gestalteten Oberflächen von Groß- und Kleinhirn dar. Er schnitt die Gehirne auch auf, um die inneren Strukturen abzubilden, etwa die Hirnventrikel und den Ursprung der Nerven. Im 18. Jahrhundert gelang es erstmals, bei Menschen, die eine lokal begrenzte Hirnverletzung, zum Beispiel durch einen Hirnschlag, erlitten hatten, bei der Obduktion geistige Funktionen bestimmten Hirnarealen zuzuordnen. So konnte Emanuel Swedenborg (1688–1772) umschriebene motorische Funktionsausfälle Läsionen in der motorischen Hirnrinde und dem Frontalhirn zuschreiben. Paul Broca (1824–1880) gelang es, bei einem Patienten, der Sprache zwar noch verstehen, aber nicht mehr zu sprechen fähig war, nach dessen Tod die Beeinträchtigung einer Schädigung im linken Frontallappen zuzuweisen (Broca-Areal). Carl Wernicke (1848–1905) beschrieb im linken Schläfenlappen das sogenannte Wernicke-Zentrum, das für das Sprachverständnis zuständig ist. Die betroffenen Patienten konnten noch sprechen, aber Sprache nicht mehr verstehen.

Gegen Ende des 19. Jahrhunderts nahmen die Erkenntnisse nicht nur im Großen, sondern, dank neuer Technologien wie hochauflösender Mikroskope, auch im Kleinen und Kleinsten rasant zu. So konnten die Hirnstrukturen immer detaillierter erfasst werden, etwa der sechsschichtige Aufbau der grauen Substanz in der Großhirnrinde. Dabei stellte sich heraus, dass das Grundelement, das das Gehirn zu seinen äußerst komplexen Leistungen befähigt, die immer gleiche Zelle in milliardenfacher Ausgabe ist, die Nervenzelle oder das Neuron. Jedes Neuron ist gleich aufgebaut. Es besteht aus einem – oftmals sehr langen – Ausläufer; dieses sogenannte Axon kann vom Rückenmark bis in den kleinen Zeh reichen. Seine Aufgabe ist es, elektrische Signale weiterzuleiten. Das Neuron weist weitere Ausstülpungen auf, die Dendriten. Diese empfangen die Signale, die dem Neuron von den Axonen anderer Neuronen zugeleitet werden. Die Verbindungen zwischen Axon und Dendriten werden durch Kontaktpunkte, sogenannte Synapsen, hergestellt. Die Übertragung der elektrischen Signale zwischen den Synapsen erfolgt durch chemische Botenstoffe, die Neurotransmitter. Neuronen können also miteinander kommunizieren, indem sie elektrische Signale über Axone aussenden und über Dendriten empfangen. Das Wunderwerk Gehirn umfasst 86 Milliarden Neuronen mit 100 Billionen Synapsen, die in einem hochkomplexen, hierarchisch gestalteten Netzwerk von 100 000 Kilometer Länge miteinander kommunizieren. Das Gehirn vermag theoretisch 10^{38} Leistungen pro Sekunde zu erbringen.

Zu einem vertieften Verständnis von Geist und Seele zu gelangen war weit anspruchsvoller, als Erkenntnisse über das menschliche Nervensystem zu gewinnen. Ein Hinterfragen von Geist und Seele, das sich immer mehr von religiösen Vorstellungen befreite, setzte ebenfalls in der Renaissance ein. *Cogito ergo sum* – ich denke, also bin ich. René Descartes folgerte aus dieser Einsicht: »Da es ja immer noch ich bin, der zweifelt, kann ich an diesem Ich, selbst wenn es träumt oder phantasiert, selber nicht mehr zweifeln.« Seit den Anfängen der Aufklärung bemühten sich Philosophen wie Baruch de Spinoza, Jean-Jacques Rousseau und Immanuel Kant, die Psyche des Menschen besser zu verstehen. So beschäftigten sie sich mit der Sinneswahrnehmung: Sind wir fähig, die reale Welt zu erkennen, oder ist alles nur subjektive Wahrnehmung, eine Art von Traum? Einen großen Raum nahm das Denken an sich ein, etwa in Kants epochalem Werk »Kritik der reinen Vernunft«. In der Romantik wandte man sich, als Gegengewicht zur alles vereinnahmenden Vernunft, der Gefühlswelt des Menschen zu, die aus dem Unbewussten hervorgeholt und in der Kunst zum Ausdruck gebracht wurde. An der Wende zum 20. Jahrhundert revolutionierte Sigmund Freud das Verständnis von der menschlichen Psyche mit seinem dreiteiligen Modell: Es (Triebe, Bedürfnisse, Affekte), Ich (Bewusstsein seiner selbst) und Über-Ich (soziale Regeln, Moral und Gewissen). In seinen Fallbeschreibungen, wie über die damals weitverbreitete sogenannte Hysterie bei Frauen, wies Freud auf die Auswirkungen hin, die frühe Lebenserfahrungen, insbesondere traumatische, langfristig auf das Wohlbefinden und Verhalten der Menschen haben können. Freuds Vorstellungen haben bis heute ihre große Bedeutung bewahrt.

Wissenschaftliche Erkenntnisse, die immer detaillierter immer kleinere Teilaspekte der menschlichen Psyche und des Nervensystems beschreiben, haben in den letzten Jahrzehnten exponentiell zugenommen. Die Anzahl wissenschaftlicher Artikel und der Umfang der Datenbanken haben ein Ausmaß angenommen, das niemand mehr überblicken kann. Was uns nach wie vor fehlt, ist ein Gesamtkonzept des Menschen, in dem wir uns als Individuen wiederfinden und an dem wir uns im Zusammenleben orientieren können.

Das Menschenbild des Fit-Prinzips besteht aus den drei genannten Komponenten: Grundbedürfnisse, Kompetenzen und Vorstellungen. Alle drei Komponenten haben wir ursprünglich mit höher entwickelten Tierarten gemeinsam. So sind uns manche Verhaltensweisen bei Schimpansen durchaus vertraut, etwa das Grundbedürfnis nach Nähe und Geborgenheit oder eine motorische Kompetenz wie der Pinzettengriff. Was also macht uns unter allen Lebewesen einzigartig? Wir Menschen haben im Verlauf der jüngeren Evolution unsere Grundbedürfnisse, Kompetenzen und Vorstellungen in einem so großen Ausmaß weiterentwickelt und ausdifferenziert, dass sie eine völlig neue Qualität erhalten haben. Zwar teilen wir alle sechs Grundbedürfnisse wie dasjenige, Hunger und Durst zu befriedigen, mit allen Tierarten. Doch wir beschaffen uns nicht nur Nahrung, sondern kochen und würzen die Speisen und machen die Mahlzeiten mit Gedeck, Wein und Kerzen zu einem sozialen Ereignis. Jede der acht Kompetenzen basiert ebenfalls auf Fähigkeiten, die wir mit höher entwickelten Tieren gemeinsam haben, wie beispielsweise die figural-räumlichen und feinmotorischen Kompetenzen. So sucht der Schimpanse nach Beeren und Früchten, die essbar sind, und pflückt sie mit dem Pinzettengriff. Wir gebrauchen unsere Form- und Raumwahrnehmung und den Pinzettengriff nicht nur, um Brotkrümel aufzupicken, sondern auch beim Schreiben und Zeichnen. Schließlich verfügen auch Tiere über die Fähigkeit der inneren Repräsentation. So besitzt das Eichhörnchen eine präzise räumliche Vorstellung von seinem Lebensraum und findet auf diese Weise im Winter die Vorräte wieder, die es im Herbst versteckt hat. Wir benutzen das GPS, um von einem Ort zu einem anderen zu gelangen, und Google Maps, um uns über ein Land auf der anderen Seite des Globus kundig zu machen. Was den Menschen ebenfalls auszeichnet, ist die Fähigkeit, sich Grundbedürfnisse, Kompetenzen und Vorstellungen bis zu einem gewissen Grad bewusst zu machen.

In den folgenden drei Kapiteln wird ausgeführt, was die Grundbedürfnisse, Kompetenzen und Vorstellungen auszeichnet, wie sie sich im Verlauf des Lebens entwickeln, wie verschieden sie von Mensch zu Mensch und beim einzelnen Menschen angelegt sein können und auf welche Weise sie von der Umwelt abhängig sind und wie sie auf sie einwirken.

Grundbedürfnisse, die unser Leben bestimmen

Die Grundbedürfnisse sind die Treiber in unserem Leben. Sie tragen wesentlich zum Lebenssinn bei.

Wir leben in einer Gesellschaft, in der die Menschen mit einem riesigen Aufwand an Kraft und Zeit nach materiellen Gütern und Werten streben. Aber, wie der Volksmund sagt – und das zeigen auch wissenschaftliche Studien zur Lebenszufriedenheit (World Values Survey) –, Geld allein macht nicht glücklich. Es muss also weitere, sehr bedeutsame Faktoren geben, die zur Lebenszufriedenheit beitragen. Aus der Sicht des Fit-Prinzips hängt unser Wohlbefinden im hohen Maß davon ab, wie gut wir unsere Grundbedürfnisse befriedigen können. Existenzielle Sicherheit und Besitz von materiellen Gütern ist dabei nur eines von sechs Grundbedürfnissen.

Wie in der Einleitung bereits erwähnt, haben wir die Grundelemente des Fit-Prinzips, wenn auch in sehr unterschiedlicher Ausprägung, mit anderen Lebewesen gemeinsam. Sämtliche Tierarten wollen ihr Bedürfnis nach Nahrung befriedigt haben. Junge Schimpansen verlangen wie Menschenkinder nach Geborgenheit und Zuwendung. Wölfe kämpfen um ihre soziale Stellung im Rudel. Ausnahmslos alle Jungtiere wollen ihre Fähigkeiten, etwa die motorischen, entfalten. Selbst Insekten wie Honigbienen erbringen hochspezialisierte Leistungen, wenn sie aus Wachs kunstvolle Waben bauen. Ausgeprägte Emotionen

Die sechs Grundbedürfnisse des Menschen.

wie Hunger und Durst, Liebe und Hass, Neugierde und existenzielle Ängste treiben uns an, die Grundbedürfnisse zu befriedigen. Die Grundbedürfnisse verstehen wir am besten, wenn wir uns die Emotionen und Vorstellungen vergegenwärtigen, die mit ihnen einhergehen.

Was macht uns Menschen zu besonderen Lebewesen? Im Verlauf der Menschheitsgeschichte hat eine kulturelle Überformung der Grundbedürfnisse stattgefunden. Die Grundbedürfnisse sind mit mächtigen Vorstellungen wie Liebe oder Kreativität angereichert worden. Die Art und Weise, wie wir die Grundbedürfnisse befriedigen, ist uns oftmals fast so wichtig oder gar noch wichtiger als die Befriedigung selbst. So sind Geborgenheit und Zuwendung nicht nur überaus starke Bedürfnisse. Darstellungen von Liebe und Eifersucht beherrschen alle Bereiche der Kultur wie Religion, Literatur, Film- und Musikwelt. Kreatives Schaffen, der Drang zur Selbstentfaltung und das Streben nach Leistung treiben Wissenschaft, Technik und Wirtschaft an. Sie haben ein hochentwickeltes Bildungs- und Gesundheitssystem, eine Vielfalt an Sportarten und einen riesigen Fundus an Erzeugnissen aller Art hervorgebracht. Die Lebenszufriedenheit der Menschen hängt heute nicht nur davon ab, ob sie, sondern immer auch wie sie ihre Grundbedürfnisse befriedigen können.

Wenn unsere Vorfahren ihre Grundbedürfnisse als Einzelwesen hätten befriedigen können, hätte es wahrscheinlich nie eine soziokulturelle Evolution gegeben. Die Menschen waren aber auf Gedeih und Verderb aufeinander angewiesen, und so haben sich aus einem Netz von gegenseitigen Abhängigkeiten und kooperativen Verhaltensweisen innig verbundene Lebensgemeinschaften gebildet. Manche Grundbedürfnisse, etwa dasjenige nach sozialer Anerkennung und sozialem Status, sind überhaupt erst in der Gemeinschaft entstanden. Im Zusammenleben haben sich auch kollektive Verhaltensweisen wie Autoritätsgläubigkeit, Emotionen wie ein Wir-Gefühl und Vorstellungen wie eine gemeinsame Identität entwickelt.

Körperliche Integrität

Wir fühlen uns dann körperlich wohl, wenn wir uns ausreichend ernähren, im Schlaf erholen und unsere Sexualität ausleben können. Wenn wir nicht frieren müssen, gesund und physisch leistungsfähig sind. Dass uns die körperlichen Bedürfnisse wichtig sind, bringen wir mit einer Vielzahl von Worten zum Ausdruck wie heißhungrig und satt, todmüde und quicklebendig, liebestoll und lustlos, topfit und komplett erschöpft, kerngesund und sterbenskrank.

Die körperlichen Bedürfnisse befriedigen

Die Bedeutung der körperlichen Grundbedürfnisse und deren Befriedigung verändert sich ständig während des Lebens. Kinder sind über viele Jahre hinweg diesbezüglich von ihren Eltern und Bezugspersonen abhängig. Hunger und Durst begleiten uns das ganze Leben hindurch. Der Schlafbedarf verändert sich fortlaufend von der Geburt bis ins hohe Alter. Die Sexualität setzt in der Pubertät ein und schwächt sich mit dem Älterwerden ab. Der Gesundheitszustand bestimmt in jedem Alter unser körperliches und psychisches Wohlbefinden.

Es geht uns nicht dann besonders gut, wenn wir unsere körperlichen Bedürfnisse im Übermaß befriedigen können, indem wir beispielsweise möglichst viel Nahrung zu uns nehmen oder beliebig oft Sex haben. Wir fühlen uns vielmehr dann wohl, wenn wir unsere Bedürfnisse ausreichend befriedigen können. Dabei sind die Bedürfnisse von Mensch zu Mensch sehr unterschiedlich angelegt. So gibt es Menschen, die großen Wert auf Essen und Trinken legen, andere dagegen kaum. Manche Erwachsene brauchen doppelt so viel Schlaf wie andere. Schlafen sie zu wenig, fühlen sie sich in ihrem Wohlbefinden und in ihrer Arbeitskraft beeinträchtigt. Sexualität spielt für die einen in ihrem Leben eine zentrale, für andere nur eine marginale Rolle. Nicht nur junge, zunehmend auch ältere Erwachsene gehen regelmäßig ins Fitnessstudio und wieder andere nie. Wie auch immer die körperlichen Bedürfnisse beim einzelnen Menschen angelegt sind, deren ausreichende Befriedigung ist eine wichtige Voraussetzung dafür, dass auch die anderen Grundbedürfnisse, zum Beispiel die nach körperlichen oder geistigen Leistungen, befriedigt werden können.

Die körperlichen Bedürfnisse kollektiv befriedigen

Unsere Vorfahren konnten ihre körperlichen Bedürfnisse nur in der Gemeinschaft befriedigen. Dafür gab es eine Arbeitsteilung wie das Jagen von Wild, Anpflanzen von Getreide und Gemüse, Verarbeiten und Zubereiten von Nahrungsmitteln, Kinderbetreuen und Tiereversorgen. Geschlafen wurde in einem Raum, nicht nur aus Platzgründen, sondern auch aus einem Bedürfnis nach Nähe und Schutz vor wilden Tieren. Der Umgang mit Sexualität war in den meisten Kulturen streng geregelt. Schamanen nahmen sich der Menschen an, die sich in ihrem körperlichen und psychischen Wohlbefinden beeinträchtigt fühlten.

Die Art und Weise, wie wir unsere körperlichen Grundbedürfnisse befriedigen, hat sich in den letzten 200 Jahren grundlegend verändert. Es ist nicht mehr die Gemeinschaft, sondern es sind anonyme Institutionen wie das Gesundheitswesen und die Nahrungsmittelindustrie, die uns versorgen.

Geborgenheit und Zuwendung

Wir teilen mit höher entwickelten Tierarten nicht nur körperliche, sondern auch psychische Grundbedürfnisse. Ein solch uraltes Bedürfnis ist dasjenige nach Geborgenheit und Zuwendung. Im Verlauf der Evolution hat sich bei einer Vielzahl von Tierarten, insbesondere bei Vögeln, Säugetieren und so auch beim Menschen, ein ausgeprägtes

Bindungsverhalten herausgebildet, das mit einem großen Verlangen nach Nähe und Zuwendung einhergeht.

Emotionale und soziale Bedürfnisse

Kinder binden sich bedingungslos an ihre Eltern. Erhalten sie nicht die notwendige Nähe und Zuwendung, können sie in ihrem Wachstum und in ihrer Entwicklung schwer beeinträchtigt sein. Eltern gehen ebenfalls eine starke Bindung mit ihren Kindern ein und verfügen über ein ausgeprägtes fürsorgliches Verhalten. Durch die Bindung wird das Kind emotional von den Eltern abhängig und damit lenkbar. Sie sind für das Kind eine natürliche Autorität. Je glaubwürdiger Eltern und Bezugspersonen für das Kind sind, desto mehr gehorcht es.

Diese ausgesprochen starke gegenseitige emotionale und soziale Verbundenheit stellt sicher, dass nicht nur die körperlichen und psychischen Bedürfnisse der Kinder zuverlässig befriedigt werden, sondern auch ihre Entwicklung wie Sprache und Sozialverhalten gewährleistet ist. Und dies während mindestens 15 Jahren (siehe »Kompetenzen«).

Die Emotionen, die mit Geborgenheit und Zuwendung einhergehen, gehören zu unseren stärksten Gefühlen überhaupt. Wir verbinden damit vielfältige Vorstellungen wie Kindesliebe, Mutter- und Vaterliebe, romantische Liebe, selbstlose Menschenliebe, ja selbst die Liebe Gottes.

Kinder binden sich nicht nur an ihre biologischen Eltern, sondern an jede Person, die ihnen ausreichend vertraut wird, etwa an Großeltern und Erzieherinnen. Die Bereitschaft, sich an andere Bezugspersonen zu binden, war in der Vergangenheit überlebenswichtig, verstarben doch die Eltern oftmals, bevor die Kinder erwachsen waren.

Damit sich ein Kind wohlfühlt, muss die Bezugsperson dem Kind ausreichend vertraut, verfügbar und verlässlich sein. Sie befriedigt seine individuellen Grundbedürfnisse und geht auf seine Verhaltenseigenheiten angemessen ein (siehe »Soziale Kompetenzen«). Dazu gehört, dass die Kontinuität und Stabilität in der Beziehung zwischen Kind und Bezugsperson gewährleistet ist.

In den ersten Lebensjahren ist nicht nur die Bindungsbereitschaft, sondern auch die Furcht vor Fremden besonders groß. Fremdeln gehört wie die Trennungsangst zum normalen Bindungsverhalten. Im Verlauf der Kindheit verlieren Bindung und Fremdenfurcht langsam an Stärke. In der Pubertät schließlich löst sich die Bindung so weit auf, dass der junge Erwachsene seine Eltern verlassen und eine partnerschaftliche Bindung eingehen kann. Selbst Erwachsene sind noch auf Geborgenheit und Zuwendung angewiesen, wenn auch in einem geringeren Ausmaß als Kinder. Sie brauchen für ihr psychisches Wohlbefinden die Nähe und Zuwendung vertrauter Menschen. Auch sie können längerfristig nicht allein sein. Als Erwachsene erleben wir Geborgenheit als ein Gefühl von Vertrautheit, gegenseitiger Hilfsbereitschaft und Verantwortlichkeit.

Kinder verlangen in jedem Alter unterschiedlich stark nach Geborgenheit und Zuwendung. Es gibt Zweijährige, die verabschieden sich in der Kita problemlos von ihrer Mutter und fühlen sich bei der Erzieherin gut aufgehoben. Andere Kinder haben im Kindergartenalter noch Mühe, ohne Mutter oder Vater auszukommen. Selbst im mittleren Schulalter kann es Kindern noch schwerfallen, eine Woche auf Klassenfahrt zu gehen. Auch Erwachsene sind unterschiedlich stark auf Geborgenheit und Zuwendung angewiesen. So ist das Verlangen nach einer verlässlichen emotionalen Einbindung in Ehe und Familie unterschiedlich groß. Verlassen zu werden, beispielsweise bei einer Scheidung, erleben die einen Menschen als eine Tragödie, während andere davon emotional weit weniger beeinträchtigt werden. Die Befriedigung von Geborgenheit und Zuwendung trägt wie diejenige der körperlichen Grundbedürfnisse entscheidend dazu bei, dass die anderen Grundbedürfnisse wie Selbstentfaltung und Leistungsbereitschaft ausreichend befriedigt werden können.

Das kollektive Bedürfnis nach Geborgenheit und Zugehörigkeit

Der Begriff »Heimat« umfasst für uns alles, was uns zutiefst vertraut ist und was wir miteinander teilen: gemeinsame Sprache und Religion, Brauchtum und Wertvorstellungen, Musik, Tanz und Literatur, aber auch Sport, Kleidung oder Körperschmuck. Darauf fußen in einem umfassenden Sinn Zugehörigkeit und Identität. Mit dem Aufgehen der Lebensgemeinschaft in der anonymen Massengesellschaft haben die Gemeinsamkeiten mehr und mehr abgenommen, und das Wir-Gefühl ist immer schwächer geworden.

Es gibt – genauso wie beim Kind – nicht nur eine kollektive Form von Geborgenheit und Zugehörigkeit, sondern auch von Fremdenfurcht. Sie ist auch bei vielen Tierarten, die in Gemeinschaften leben, zu beobachten; Artgenossen, die nicht zur Gemeinschaft gehören, werden abgelehnt. Der Evolutionsbiologe Irenäus Eibel-Eibesfeldt (2004) hat die Fremdenfurcht beim Menschen als ein überlebensdienliches Erbe bezeichnet.

Die Fremdenfurcht nimmt ab und kann sich in eine tolerante und schließlich zugewandte Haltung wandeln, wenn die Menschen miteinander in Kontakt kommen, sich kennenlernen, Vorurteile abbauen und gemeinsame Interessen teilen. Daraus entwickelt sich gegenseitiger Respekt und im besten Fall ein solidarisches Verhalten. Die Fremdenfurcht kann aber auch zu einer riesigen Bedrohung werden, wenn sie durch missliche Lebensbedingungen, existenzielle Ängste und kulturelle Verunsicherung so sehr verstärkt wird, dass sie in Ausländerfeindlichkeit, Fremdenhass und Rassismus umschlägt und von Populisten missbraucht wird. Im Extremfall kann sie zu kriegerischen Auseinandersetzungen und einem Genozid wie dem Holocaust führen.

Soziale Anerkennung und soziale Stellung

Das Leben in der Gemeinschaft hat sich für viele Lebewesen als eine sehr erfolgreiche Überlebensstrategie erwiesen. So auch für unsere nächsten Verwandten, die Schimpansen, und für unsere frühesten Vorfahren, die Australopitheci, die vor etwa 3,5 Millionen Jahren die Erde bevölkerten. Auch unsere direkten Vorfahren haben in den vergangenen 300 000 Jahren ihr Leben ausschließlich in Gemeinschaften verbracht. Sie waren – als hochdifferenzierte Mangelwesen – auf die gemeinsame Nutzung der individuellen Fähigkeiten in der Lebensgemeinschaft angewiesen. Ein dicht gewobenes Netz aus zwischenmenschlichen Verflechtungen und gemeinsamen Interessen gab ihnen ein Gefühl von emotionaler, sozialer und existenzieller Sicherheit. Im Zusammenleben mit vertrauten Menschen entwickelten sie ein enormes Bedürfnis nach Zugehörigkeit und sozialer Anerkennung sowie ein Streben nach einer gesicherten Stellung innerhalb der

Gemeinschaft. Daraus entstanden je nach den kulturellen Gegebenheiten unterschiedlich gestaltete Umgangsformen und Geschlechterrollen.

Das Streben nach sozialer Anerkennung und sozialem Status

Menschen jeden Alters wollen von ihren Mitmenschen geschätzt und respektiert werden und eine gesicherte soziale Stellung in der Gemeinschaft einnehmen. Beides trägt ganz wesentlich zu ihrem Selbstwertgefühl und ihrer Selbstwirksamkeit bei.

Bereits Kleinkinder verlangen in Familie und Kita nach sozialer Anerkennung und wollen eine Stellung in der Gruppe ausfüllen, die ihnen entspricht. Mögen mich die Geschwister? Akzeptieren mich die anderen Kinder in der Kita und wollen sie mit mir spielen? Im Schulalter nimmt das Bedürfnis nach Anerkennung und einer gesicherten Stellung unter den Gleichaltrigen weiter zu, bis es in der Pubertät ganz und gar bestimmend wird. Anerkennung zu erhalten und eine feste Stellung in der Clique einzunehmen ist manchen Jugendlichen wichtiger als die Position in der eigenen Familie. Die Anerkennung, die Erwachsenen in der Familie, bei Freunden und am Arbeitsplatz zuteilwird, trägt viel zum ihrem psychischen Wohlbefinden bei, genauso wie die soziale Stellung, die sie im Privatleben und bei der Arbeit einnehmen. So gibt eine feste und von allen Mitarbeitern akzeptierte Position in einem Arbeitsteam ein Gefühl von sozialer Sicherheit.

Das Bedürfnis nach sozialer Anerkennung und sozialer Stellung ist wie auch dasjenige nach Geborgenheit und Zuwendung von Mensch zu Mensch unterschiedlich groß. So gibt es Erwachsene, etwa Politiker, die für ihr Wohlbefinden ausgesprochen stark auf soziale Anerkennung und eine möglichst angesehene gesellschaftliche Stellung angewiesen sind, andere sind es weit weniger. Der eine Künstler braucht sehr viel Anerkennung für seine Tätigkeit, einem anderen ist sein schöpferisches Schaffen Befriedigung genug. Es ist auch nicht so, dass die Menschen erst dann glücklich und zufrieden sind, wenn sie es an die Spitze von sozialen Hierarchien geschafft haben, beispielsweise als Direktor eines Krankenhauses oder als CEO in einem Großkonzern. Die allermeisten Menschen sind dann zufrieden, wenn sie die soziale Anerkennung bekommen, die sie aufgrund ihrer Fähigkeiten und Leistungen erwarten dürfen, und wenn sie die soziale Stellung einnehmen können, die ihnen entspricht. Alle Menschen wollen jedoch in ihrer sozialen Stellung, und sei diese noch so bescheiden, geachtet werden. Jede Form von Ausgrenzung beeinträchtigt das psychische und oftmals auch das körperliche Wohlbefinden.

Führung, Autoritätsgläubigkeit und Unterordnung

Soziale Hierarchien mit einem Oberhaupt gibt es im Tierreich seit Millionen von Jahren, etwa als Leitkuh bei den Elefanten oder Silberrücken bei den Gorillas. Auch in der Lebensgemeinschaft des modernen Menschen hat sich ein solches Führungssystem fest etabliert. Den Helden in den archaischen Mythen zeichnen die Attribute eines Oberhauptes aus: Körpergröße und Kraft, Klugheit und List, Erfahrung und Weitsicht. Dazu gehört aber auch eine Autoritätsgläubigkeit, die nicht nur bei Kindern besonders ausgeprägt ist, sondern auch bei Erwachsenen noch besteht. Hierarchisch gestaltete Gemeinschaften waren zweifelsohne in der Evolution des Menschen ein Erfolgsmodell, wenn auch Machtmissbrauch immer wieder Schaden anrichtete.

Es gibt sie auch heute noch, die Menschen, die aus einem starken Grundbedürfnis nach sozialer Anerkennung und sozialer Stellung, aber auch Machthunger heraus als Oberhaupt eine Gemeinschaft anführen wollen. Und es gibt nach wie vor eine stille Mehrheit, die – insbesondere in Zeiten der Bedrohung und Not – aus Autoritätsgläubigkeit heraus bereit ist, ihnen zu folgen, sich unterzuordnen. Doch ein solches Führungsmodell ist in der heutigen Massengesellschaft nicht mehr zeitgemäß und kann zur einer riesigen Bedrohung werden (siehe Teil II).

Selbstentfaltung

Die eigenen Fähigkeiten zur Entfaltung zu bringen ist ein Bedürfnis, das bei allen Jungtieren und ganz besonders bei Menschenkindern besteht. Ausnahmslos jedes Kind will seine Fähigkeiten wie die motorischen entfalten und sich Fertigkeiten wie Fahrradfahren und Kenntnisse, etwa über den Verlauf der Straßen im Wohnviertel, aneignen. Doch – anders als bei den Tieren – bleibt beim Menschen dieses Bedürfnis als eine schöpferische Kraft bis ins hohe Alter erhalten, beispielsweise bei Künstlern, Handwerkern oder auch Wissenschaftlern.

Seine Begabungen zu entfalten und zu nutzen geht von der frühen Kindheit bis ins hohe Alter mit positiven Gefühlen wie Neugierde, Ehrgeiz und Stolz, aber auch negativen wie Frustration und Entmutigung einher. So ist ein Kind zutiefst befriedigt und freut sich, wenn es einen Meilenstein in seiner Entwicklung wie das Laufen geschafft hat. Genauso ist ein älterer Mensch stolz, wenn es ihm gelingt, eine App auf dem Smartphone selbständig zu installieren.

Selbstbestimmt Fähigkeiten und Fertigkeiten erwerben

Alle Kompetenzen sind bei der Geburt angelegt. Wie sie sich entwickeln, hängt von den Erfahrungen ab, die die Kinder machen können (siehe »Kompetenzen«). In den ersten Lebensjahren wollen sie sich Fähigkeiten wie das Greifen aneignen. In den folgenden Jahren geht es immer mehr darum, Fertigkeiten wie das Zeichnen zu erwerben. Die Kinder wollen ihre Kompetenzen, so wie sie individuell angelegt sind, möglichst selbstbestimmt entfalten. Sie wollen dafür nicht irgendwelche, sondern entwicklungsspezifische Erfahrungen machen; Erfahrungen also, die ihrem Entwicklungsstand und ihrer Lernbereitschaft entsprechen. So will ein Kind nicht irgendeinen Text lesen, sondern einen, der ihm das Gefühl gibt: Ich kann lesen, und ich habe den Text verstanden – und durch den Erfolg in seinem Selbstwertgefühl bestärkt werden. Kinder richten ihre Neugierde also nicht auf beliebige, sondern gezielt auf Erfahrungen aus, die ihre Fähigkeiten und Fertigkeiten fördern. Ob sie die notwendigen Erfahrungen auch machen können, hängt von der Umwelt ab und damit, je älter sie werden, vom Bildungssystem.

Im Verlauf der Adoleszenz wird die Reifung des Gehirns abgeschlossen. Lernen wie in der Kindheit ist danach nicht mehr möglich. Als Erwachsene sind wir in unseren Kompetenzen weitgehend festgelegt, etwa in der Art und Weise, wie wir gehen, uns sprachlich oder mimisch ausdrücken. Neugierde und Lernbereitschaft bleiben aber in einem begrenzten Maß erhalten und verhelfen uns durch Erfahrungen zu neuen Fertigkeiten und neuem Wissen.

So pflegt eine Frau über Jahrzehnte ihren Garten, lernt die Eigenheiten der Pflanzen und deren Wachstumsbedingungen immer besser kennen und eignet sich profunde Kenntnisse über die Wirkung von Kräutern und Heilpflanzen an. Sie erlebt dabei immer wieder ein tiefes Gefühl der Befriedigung, genauso wie ein Kind, das seine Fein- und Grobmotorik immer besser zu beherrschen lernt.

Da die Fähigkeiten bei jedem Menschen unterschiedlich angelegt sind, sind das Bedürfnis nach Selbstentfaltung und die Lernmotivation je nach Fähigkeit unterschiedlich groß (siehe »Kompetenzen«). Kinder wollen ihre individuellen Begabungen in ihrem Entwicklungstempo und auf ihre Weise entfalten und nutzen. So fährt ein Junge mit zwei Jahren bereits Ski, spricht aber noch kaum ein Wort. Seine Schwester spricht im gleichen Alter in einfachen Sätzen, wagt sich aber erst mit fünf Jahren auf die Skipiste.

Es gibt Erwachsene, die ein Leben lang darum ringen, etwas Neues und Einmaliges zu schaffen, etwa einen Bestseller zu schreiben, während die allermeisten kein vergleichbares Bedürfnis verspüren. Auch wenn sich ihre großartigen Träume nie erfüllen, sind die Menschen auf Dauer nicht enttäuscht. Für unser Wohlbefinden und Selbstwertgefühl ist letztlich weniger entscheidend, wie erfolgreich wir sind beziehungsweise wie viel Anerkennung wir für unsere Leistungen erhalten, sondern vielmehr, ob es uns gelingt, unsere individuellen Begabungen zur Entfaltung zu bringen. So ist ein Hobbydichter, der für Hochzeiten und Geburtstagsfeste Gedichte und Reden verfasst, mit seinem Werk durchaus zufrieden, auch wenn er damit bei weitem nicht an sein Vorbild Gottfried Keller heranreicht.

Von einer gemeinschaftlich zu einer institutionell vermittelten Bildung

Bis vor 150 Jahren haben sich Kinder Fähigkeiten wie die Sprache und Fertigkeiten wie den Umgang mit Gerätschaften in der Gemeinschaft angeeignet. Erwachsene und ältere Kinder dienten ihnen als Vorbilder, leiteten sie bei Tätigkeiten an und vermittelten ihnen Wissen.

Selbstentfaltung ist heute ein kollektives und gelenktes Geschehen von Institutionen, die die Entwicklung der Kinder von der Kita über die Schulen bis zu den Universitäten und Fachhochschulen in einem hohen Maß bestimmen. Das Bildungswesen richtet sich dabei weit weniger an den individuellen Begabungen und Entwicklungseigenheiten der Kinder aus als vielmehr an den Anforderungen von Gesellschaft und Wirtschaft.

Streben nach Leistung

Die Katze hat eine Maus gefangen und trägt sie erhobenen Hauptes an uns vorbei. Sie scheint richtig stolz auf ihren Fang zu sein, genau wissen wir das aber nicht. Ganz sicher sind wir uns jedoch, dass wir Stolz empfinden, wenn wir eine gute Leistung erbracht haben. Wir wollen nicht nur arbeiten, um unseren Lebensunterhalt zu verdienen, beruflichen Erfolg zu haben und soziale Anerkennung zu bekommen. Wir wollen auch Leistungen erbringen, die unser Selbstwertgefühl und unsere Selbstwirksamkeit stärken. Wir wollen in Lebensbereichen wie Erziehung, Arbeit oder Freizeit etwas erreichen, auf das wir stolz sein können. Wie wichtig uns Leistungen sind, spüren wir an den Emotionen, die damit einhergehen. Landen wir einen Erfolg, sind wir begeistert, misslingt uns ein wichtiges

Vorhaben, sind wir niedergeschlagen. Werden wir unterfordert, fühlen wir uns gelangweilt und frustriert. Werden wir andauernd überfordert, fühlen wir uns entmutigt und erschöpft.

Selbstbestimmt Leistungen erbringen

Bei der Selbstentfaltung entwickeln Kinder Fähigkeiten wie das Sprechen und erwerben Fertigkeiten wie das Lesen und Schreiben. Beim Erbringen von Leistungen werden erworbene Fähigkeiten und Fertigkeiten sowie Wissen eingesetzt. So baut ein Junge mit seinen feinmotorischen und figural-räumlichen Fähigkeiten aus Legosteinen eine Garage für seine Spielautos. Oder eine Lehrerin setzt ihr pädagogisches Know-how dafür ein, die Schüler beim Lernen möglichst gut zu unterstützen. Dabei kann es durchaus zu Überschneidungen zwischen Selbstentfaltung und dem Erbringen von Leistungen kommen, beispielsweise wenn die Lehrerin im Unterricht die Erfahrung macht, dass sie mit einer vertrauensvollen Beziehung zu den Schülern deren Lernmotivation verbessern kann.

Kinder wollen möglichst selbstbestimmt Leistungen erbringen, die im Bereich ihrer Fähigkeiten und Fertigkeiten liegen. Wenn ein einjähriges Kind selbständig aus der Tasse trinken oder ein Vierjähriger auf einen Baum klettern darf, stellt sich bei ihnen ein tiefes Gefühl der Befriedigung und Selbstbestätigung ein: Ich habe es geschafft. Das Kind ist sichtlich stolz auf seine Leistung. Es braucht dafür nicht unbedingt die Anerkennung seiner Eltern oder die Bewunderung seiner Spielkameraden. Kommt beides noch dazu, fühlt es sich umso besser. Schüler sind hochzufrieden, wenn sie die Leistung erbringen können, die nicht nur Eltern und Lehrer von ihnen erwarten, sondern auch sie von sich selbst. Eltern und Lehrer, die darauf achten, dass sie von den Kindern möglichst nur die Leistungen verlangen, die sie auch erbringen können, verhelfen ihnen zu einem guten Selbstwertgefühl und einer guten Selbstwirksamkeit. Sie tragen damit wesentlich zu ihrer späteren Lebensbewältigung bei. Einmal erwachsen, sind die Kinder überzeugt: Ich kann in dieser Welt bestehen.

Kinder erbringen dann Leistungen lustvoll und freiwillig, wenn sie in ihrer Entwicklung dazu bereit sind. Ausnahmslos alle Schüler wollen lesen und rechnen, aber erst dann, wenn sie entwicklungsmäßig so weit sind. Ob Kinder in ihrem späteren Leben erfolgreich sein werden, hängt nicht von Leistungen ab, die ihnen aufgezwungen wurden, sondern von den selbstbestimmten Leistungen, die sich an ihrem Entwicklungsstand orientierten und die sie deshalb mit Erfolg bewältigen konnten.

Anders als bei Kindern sind Leistungen für die meisten Erwachsenen wichtiger als Selbstentfaltung. Leistungen für sich selbst und die Gemeinschaft zu erbringen stärkt ihr Selbstwertgefühl und ihre Selbstwirksamkeit. Wie wichtig den Menschen diese Bestätigung ist, zeigt sich, wenn sie überfordert werden. Sie fühlen sich als Versager, ihre Leistungsbereitschaft nimmt ab. Sie können depressiv werden und geraten schlimmstenfalls in einen Burn-out, einen geistigen und körperlichen Stillstand. Leistungsversagen und Arbeitslosigkeit werden von den betroffenen Menschen nicht nur als existenzielle Bedrohung und soziale Entwertung erlebt. Sie fühlen sich auch in ihrem Selbstwertgefühl und ihrer Selbstwirksamkeit beeinträchtigt, was sich wiederum nachteilig auf ihre körperliche und psychische Verfassung und ihre Leistungsfähigkeit auswirkt.

Genauso wie die Fähigkeiten und Fertigkeiten bei Kindern und Erwachsenen unterschiedlich angelegt sind, ist auch ihre Leistungsbereitschaft unterschiedlich groß. So will das eine Geschwister vor allem malen und zeichnen, während ein anderes gerne liest und ein drittes die meiste Freizeit mit Fußball spielen verbringt. Die Mutter wiederum bindet als Floristin schöne Blumensträuße, und der Vater liebt seine Arbeit als Automechaniker.

Große und selbst extreme Leistungen wie das Umrunden der Welt mit einem Segelboot werden erbracht, weil sie die Menschen in ihrem Leistungsstreben herausfordern und zutiefst befriedigen. Für ein erfülltes Leben braucht es jedoch keine herausragenden Leistungen. Jahr für Jahr nehmen etwa 50 000 Läufer und Läuferinnen am New York Marathon teil. Gewinnen können aber nur eine Frau und ein Mann. Und doch sind die meisten Teilnehmer und Teilnehmerinnen mit sich hochzufrieden und haben die Leistung erbracht, die sie von sich erwarten durften. Die meisten Menschen wollen bis ins hohe Alter Leistungen erbringen. So mäht Willi, mein Nachbar, im Sommer betagten Menschen den Rasen, und im Winter macht er mit der Schneeschleuder die Wege zu ihren Häusern frei. Er ist stolz darauf, dass er immer noch einen nützlichen Beitrag zum Wohl seiner Mitmenschen erbringen kann.

Fremdbestimmt in der Leistungsgesellschaft

Wir leben in einer ausgeprägten Leistungsgesellschaft, die nicht nur Leistung fordert, sondern in einem hohen Maß auch bestimmt, welche Leistungen zu erbringen sind. So werden bereits Kinder auf die Leistungen getrimmt, die aus der Sicht des Bildungswesens für die Gesellschaft und die Wirtschaft von Nutzen sein werden. Überall herrscht

Wettbewerb, in der Schule, auf dem Pausenhof, in der beruflichen Ausbildung. Selbst die Freizeit ist immer mehr vom Wettbewerb durchsetzt. Einmal erwachsen, nimmt der Leistungsdruck oftmals weiter zu, insbesondere am Arbeitsplatz. Es gibt sie noch, die Menschen, etwa Handwerker, die Leistungen aus einem inneren Bedürfnis heraus erbringen dürfen. Die meisten Menschen erfüllen jedoch nur noch fremdbestimmt Aufträge, die ihnen vom Arbeitgeber erteilt werden.

Existenzielle Sicherheit

Nicht nur der Mensch, auch manche Tierarten haben gelernt, ihre Existenz abzusichern. Sie schützen sich vor der Unbill der Witterung und der Bedrohung durch andere Tiere und betreiben Vorsorge. So ziehen sich Wühlmäuse in unterirdische Gänge zurück, und Eichhörnchen legen Vorräte für den Winter an. Als unsere Vorfahren vor 12 000 Jahren sesshaft wurden, begannen sie, ihre einfachen Unterkünfte, Zelte und Hütten zu Holz- und Steinhäusern auszubauen. Sie betrieben Ackerbau und Viehzucht und errichteten für das überschüssige Getreide Speicher und für die Tiere Ställe. In den folgenden Jahrtausenden haben die Arbeitsleistung und der materielle Reichtum ständig zugenommen und gehen mittlerweile über die Sicherstellung der Existenz weit hinaus. Die Konsumsucht hat in den letzten Jahrzehnten geradezu besorgniserregende Ausmaße angenommen. Das Streben nach Eigentum, Besitz von Boden, Immobilien und materiellen Gütern aller Art bestimmt heute in einem hohen Maß das Leben der Menschen. Es ist für viele geradezu zum Lebenszweck geworden.

Die eigene Existenz sichern gestern und heute

Ausgesprochen starke Gefühle wie Gier, Geiz und Habsucht, Neid und Missgunst gehen mit dem Bemühen nach existenzieller Sicherheit einher. Ein Mangel oder gar vollständiger Verlust von existenzieller Sicherheit löst bei den betroffenen Menschen übermächtige Ängste aus. Tagtäglich erfahren wir aus den Medien, wie Millionen von Menschen durch Armut und Hunger, Krieg und Vertreibung auf das Schwerste in ihrem körperlichen Wohlbefinden beeinträchtigt werden, emotional zutiefst verunsichert und psychisch traumatisiert sind.

Existenzielle Sicherheit für die Kinder gewährleisten die Eltern. Erst in der Adoleszenz lernen die jungen Erwachsenen allmählich, selbständig zu werden und Verantwortung für sich zu übernehmen. In der Vergangenheit waren die Ablösung vom Elternhaus und die Übernahme von Eigenverantwortung für die meisten Menschen im Alter von etwa zwanzig Jahren abgeschlossen. Heute dauert dieser Prozess aus verschiedenen Gründen sehr viel länger, insbesondere weil viele zusätzliche Jahre für die Ausbildung aufgewendet werden müssen. Oftmals sind die jungen Erwachsenen erst nach dem dreißigsten Lebensjahr so weit in die Gesellschaft und Wirtschaft integriert, dass sie für sich selbst sorgen und eine Familie gründen können.

Das Bedürfnis nach existenzieller Sicherheit ist unter den Menschen sehr unterschiedlich ausgeprägt und immer auch Ausdruck der persönlichen Lebensumstände und gesellschaftlichen Gegebenheiten. Für die einen Menschen bedeutet existenzielle Sicherheit Lebensunterhalt, Obdach und Rechtssicherheit, für andere auch Reichtum und Macht. Die Versorgung im Alter bereitet manchen Menschen große Sorgen. Andere machen sich darüber kaum

Gedanken, hoffen auf ein freundliches Schicksal und einen finanzstarken Sozialstaat.

Vom Selbstversorger zum kollektiv Versorgten

Über 300 000 Jahre hinweg waren die Menschen Selbstversorger. Überleben konnten sie nur als Lebensgemeinschaft. Gemeinsam für die existenzielle Sicherheit aller zu sorgen war ein starker Kitt, der die Gemeinschaft zusammengehalten hat. Vor 200 Jahren wurde die Lohnarbeit eingeführt. Die Menschen hörten auf, wirklich eigenständig im Kollektiv für ihren Lebensunterhalt zu sorgen.

Heute sind die meisten Menschen in einem Arbeitsverhältnis angestellt und kaufen sich mit ihrem Einkommen Nahrung, Wohnraum, Energie und Mobilität sowie den Zugang zu einer Vielzahl von Dienstleistungen und einer globalisierten Konsumwelt. Sie sind nicht mehr in einem umfassenden Sinn selbst für ihre existenzielle Sicherheit verantwortlich, was für ihre Vorfahren zumeist eine riesige Belastung war, aber auch zum Lebenssinn beigetragen hat. Der Preis dafür ist eine hochgradige Abhängigkeit von der Lohnarbeit und von Tätigkeiten, denen die Menschen immer weniger Sinn abgewinnen können, sowie der Verlust des Zusammenhalts durch die Lebensgemeinschaft.

Jeder Mensch will nach seinen Grundbedürfnissen leben

Wir sind unablässig darum bemüht, unsere Grundbedürfnisse zu befriedigen. Und jeder Mensch tut es, da seine Grundbedürfnisse unterschiedlich angelegt sind, auf seine Weise. So legt ein Mensch viel Wert auf gutes Essen, nicht aber auf Sex. Er braucht viel Geborgenheit, aber weit weniger soziale Anerkennung. Er sucht in seinem Hobby, der Malerei, immer wieder nach neuen Ausdrucksformen, an einem kommerziellen Erfolg aber ist er kaum interessiert.

Die individuelle Anlage der Grundbedürfnisse und wie wir sie befriedigen prägen unsere Selbstwahrnehmung und wie wir von anderen Menschen wahrgenommen werden. Aber nicht nur sie, auch die Kompetenzen und Vorstellungen bestimmen mit, welches Leben wir führen. Andreas, der als Grundschullehrer tätig ist, liegt viel an der sozialen Anerkennung, die er von seinen Schülern und deren Eltern für seinen fürsorglichen Umgang mit den Kindern bekommt. Tragfähige Beziehungen zu den Kindern und Eltern sind ihm ein großes Anliegen. Er hat als Lehrer einen hohen Anspruch an sich selbst und ist bemüht, seine pädagogischen Fähigkeiten ständig zu verbessern. Er ist bei seinen Arbeitskollegen sehr beliebt. Er selbst braucht viel Geborgenheit und Zuwendung; die eigene Familie ist ihm sehr wichtig. Er führt ein bescheidenes Leben; materielle Güter sind für Andreas nur von geringem Wert.

Georg, Oberstufenlehrer, ist von stattlicher Statur und eine attraktive Erscheinung. Beides trägt zu seinem Verständnis als Autoritätsperson und zu seinem sozialen Status bei. Er sieht seine Aufgabe vornehmlich darin, die Schüler leistungsmäßig zu fordern und so die Erwartungen der Eltern zu erfüllen. Sein Bedürfnis nach Geborgenheit und Zuwendung wie auch dasjenige nach kreativer Entfaltung sind gering. Er lebt in einer festen Partnerschaft; Kinder möchte er keine. Er wendet viel Kraft und Zeit für seinen geliebten Rudersport auf. Sehr wichtig sind ihm eine hohe existenzielle Sicherheit und Besitz wie ein eigenes Haus.

Jeder Mensch hat sein ihm eigenes Profil an Grundbedürfnissen und kann nicht ein x-beliebiges Leben führen, sondern nur sein eigenes. So kann Georg schwerlich die Lebenseinstellung und Arbeitsweise von Andreas übernehmen. Und genauso wenig könnte Andreas wie Georg leben. Ihm fehlt das Verlangen, sich exzessiv sportlich zu betätigen und nach materiellen Gütern zu streben. Vor allem aber würde er ein erfülltes Familienleben schmerzlich vermissen.

Um unsere Grundbedürfnisse zu befriedigen, setzen wir unsere Kompetenzen ein. Dabei können die Grundbedürfnisse auf ganz unterschiedliche Weise befriedigt werden. Andreas bekommt viel Anerkennung, weil er über hohe soziale Kompetenzen verfügt. Er kann sich gut in Kinder einfühlen und ist sehr fürsorglich, was auch seiner Familie zugutekommt. Er legt viel Wert auf gute Beziehungen mit seinen Arbeitskollegen. Er ist sprachlich hochkompetent und liebt es, Geschichten zu erzählen. Er spielt Gitarre und singt viel mit seinen eigenen Kindern und Schülerinnen und Schülern. Georg dagegen empfindet die ständige emotionale Verfügbarkeit im Klassenzimmer, die die Schüler von ihm erwarten, als Belastung. Er setzt im Unterricht weit weniger auf soziale als auf seine gut entwickelten planerischen und organisatorischen Fähigkeiten. Sein Anliegen ist es, den Unterricht möglichst effizient zu gestalten. Mathematik ist dasjenige Fach, das ihm am meisten Spaß macht. Da er im Schulsystem kaum Aufstiegsmöglichkeiten sieht und vor allem kein wesentlich höheres Gehalt erwarten darf, will er in den Banken- oder Versicherungssektor wechseln. Er hofft, dort mit seinen mathematischen, planerischen und organisatorischen Kompetenzen Karriere machen zu können.

Da die Grundbedürfnisse und Kompetenzen von Mensch zu Mensch unterschiedlich angelegt sind, sucht jeder Mensch nach den Erfahrungen, die ihm entsprechen, was seine Persönlichkeit wiederum prägt und seinen Lebensweg einzigartig macht. Ob wir unsere Grundbedürfnisse aber überhaupt ausreichend befriedigen können, hängt von Anfang an wesentlich von den Lebensbedingungen ab. So kann ein Mangel an Geborgenheit in der Kindheit, beispielsweise durch den Tod der Mutter, ein Kind in seinem emotionalen Befinden schwer beeinträchtigen. Wird das Kind aber gut betreut, etwa vom Vater und seinen Großeltern, sind sein psychisches und sein körperliches Wohlbefinden gewährleistet. Ein Kind kann, je nachdem, wie seine Grundbedürfnisse angelegt sind und welche Schulerfahrungen es macht, Leistung und soziale Anerkennung als erstrebenswert verinnerlichen oder in seinem Wohlbefinden und Selbstwertgefühl davon beeinträchtigt werden. So kann es später in der Arbeitswelt eine leistungsorientierte oder eine leistungskritische Haltung einnehmen. Streben die Eltern mit aller Kraft nach materiellen Gütern, kann ihre Haltung vom Kind, je nachdem, wie sein Grundbedürfnis nach existenzieller Sicherheit angelegt ist, übernommen, ignoriert oder abgelehnt werden. Wie gut und auf welche Weise ein Kind seine individuell angelegten Grundbedürfnisse befriedigen kann, wirkt sich langfristig auf sein Leben aus.

Auch im Erwachsenenalter spielen die Lebensumstände bei der Befriedigung der Grundbedürfnisse eine wesentliche Rolle. Übertriebene Erwartungen und Anforderungen, die von Familie, Gesellschaft und Wirtschaft an uns herangetragen werden, können die Befriedigung der Grundbedürfnisse beeinträchtigen. So kann ein übermäßiger Leistungsdruck einen Angestellten verunsichern, und er beginnt sich zu hinterfragen. Was ist mir wichtiger, das Erbringen von Leistungen, die mir entsprechen, die Anerkennung, die ich vom Arbeitgeber erhalte, und/oder ein gesichertes Einkommen? Die individuelle Ausprägung der Grundbedürfnisse und inwieweit sie befriedigt werden können bestimmen das Wohlbefinden, das Selbstwertgefühl und die Selbstwirksamkeit eines Menschen.

Das Recht, die Grundbedürfnisse möglichst gut und selbstbestimmt befriedigen zu dürfen, sollten wir nicht nur für uns selbst beanspruchen, sondern auch den eigenen Kindern, dem Partner, den Mitarbeitern, ja allen unseren Mitmenschen zugestehen. Dafür müssen wir ihren individuell ausgeprägten Grundbedürfnissen – wie auch immer sie gestaltet sind – Verständnis entgegenbringen. So haben beispielsweise Eltern die Erwartung, dass ihr Sohn den Sprung aufs Gymnasium schaffen wird. Was aber, wenn sein Bedürfnis nach Selbstentfaltung und seine Bereitschaft, schulische Leistungen zu erbringen, nicht ausreichen, um die elterlichen Erwartungen zu erfüllen? Gleichermaßen in der Arbeitswelt: Stimmen die Anforderungen, die ein Vorgesetzter an seine Mitarbeiter stellt, mit deren individuellen Grundbedürfnissen und Fähigkeiten überein? Oder überfordert er sie, weil er mit ihren Leistungen selbst Karriere machen will? Die individuelle Ausprägung der Grundbedürfnisse und Kompetenzen bei unseren Mitmenschen in der Familie, im Freundeskreis und am Arbeitsplatz fordert uns in vielfacher Weise heraus und verlangt nicht nur ein hohes Maß an Toleranz, sondern auch die Bereitschaft, sie in ihrem Bemühen, ihre Grundbedürfnisse zu befriedigen, zu unterstützen. In Abwandlung des kategorischen Imperativs von Immanuel Kant bedeutet das: Stelle deine eigenen Grundbedürfnisse nicht über die Grundbedürfnisse der Mitmenschen. Und befriedige deine Bedürfnisse so, dass andere in der Befriedigung ihrer Bedürfnisse nicht beeinträchtigt werden.

Kompetenzen, die uns mächtig machen

> »Jeder ist begabt! Aber wenn du einen Fisch danach beurteilst, ob er auf einen Baum klettern kann, wird er sein ganzes Leben glauben, dass er dumm ist.«
>
> *Albert Einstein*

Mit unseren Kompetenzen befriedigen wir unsere Grundbedürfnisse. Wir setzen sie bei der Beschaffung von Nahrung ein, um soziale Anerkennung zu bekommen und die existenzielle Sicherheit zu gewährleisten. Darüber hinaus erbringen wir eine Vielzahl von herausragenden Leistungen, zu denen kein anderes Lebewesen fähig ist. Wir bauen Autos, Flugzeuge und Megacitys und erfinden laufend neue Formen der Kommunikation wie das Internet und das Smartphone. Wir sind ohne Zweifel intelligente Lebewesen – aber längst nicht die einzigen. Intelligenz im weitesten Sinn ist im Verlauf der Evolution aus der Notwendigkeit heraus entstanden, Eigenschaften und Zusammenhänge in der physischen und sozialen Umwelt zu erkennen, um darauf in einer für die Organismen vorteilhaften Weise zu reagieren. Sämtliche Lebewesen, Tiere, Pflanzen und selbst Mikroben besitzen diese Fähigkeiten, sich Informationen zu beschaffen, die ihnen das Überleben ermöglichen. Sie alle haben ihre eigene, ihnen angemessene Intelligenz.

In den ersten Lebensmonaten unterscheiden wir Menschen uns in dieser Hinsicht kaum von den Tieren. Wie das Tierjunge macht sich auch das Kind mit seiner nächsten Umgebung vertraut. Es lernt früh Mutter, Vater und Geschwister voneinander zu unterscheiden. Es kennt seine Spielsachen wie den Teddybären, der in seinem Bettchen liegt, und den Löffel, mit dem es gefüttert wird. Auch die Familienkatze weiß, wer ihr etwas zu fressen gibt, wie Futternapf und Katzenklo aussehen und wo sie in der Wohnung zu finden sind. Im zweiten Lebensjahr macht das Kind einen ersten entscheidenden qualitativen Sprung in seiner Entwicklung, den die Katze und auch kein anderes Tier nachvollziehen kann. Es beginnt Worte mit Personen, Gegenständen und Handlungen in Verbindung zu bringen. Anfänglich kann es die Worte nur verstehen, dann auch anwenden. Wenn es den Teddybären vermisst, fragt es die Mutter: »Teddy?« Antwortet sie: »Im Bettchen«, weiß das Kind, wo es den Teddybären suchen muss. Mit drei Jahren hat das Kind seine Kompetenzen so weit entwickelt, dass es seine Umwelt mit allen Sinnen erfassen, auf sie Einfluss nehmen und mit ihr kommunizieren kann.

Wir Menschen erbringen nicht nur großartige Leistungen, weil unsere Kompetenzen so gut entwickelt sind, sondern vor allem auch, weil wir sie für bestimmte Leistungen gemeinsam einsetzen. Das Zusammenspiel der Kompetenzen zeigt sich bereits in ihrer großen Differenziertheit, wenn ein Kind im Alter von drei Jahren mit seiner Puppenstube spielt (Largo, Howard 1979a). Es ordnet die Stühle um den Tisch herum an und weist den Puppen die Plätze zu, die Mutter, Vater, Geschwister und es selbst am Familientisch einnehmen. Es verteilt die Löffelchen, Tellerchen und Tässchen mit großem feinmotorischem Geschick. Mit den Püppchen spielt es die Rollen von Eltern, Geschwistern und sich selbst nach und imitiert deren Sprechweise. Es kocht auf dem Herd und lässt die Puppen essen und trinken. Das Kind setzt in seinem Spiel nicht nur fünf verschiedene Kompetenzen ein – figural-räumliche, motorisch-kinästhetische, soziale, sprachliche sowie planerische –, sondern verknüpft sie auch miteinander. In den folgenden Jahren entwickelt es seine Kompetenzen ständig weiter und bringt sie zusammen. Daraus entstehen Fertigkeiten wie das Zeichnen und das Schreiben.

Erwachsene benutzen bei ihren Tätigkeiten zumeist mehrere Kompetenzen. So gibt eine Lehrerin nicht nur ihr Fachwissen an die Schüler weiter. Sie setzt auch ihre sozialen Kompetenzen ein, um mit den Schülern vertrauensvolle Beziehungen einzugehen und aufrechtzuerhalten. Sie benutzt ihre sprachlichen Kompetenzen, um Fertigkeiten und Wissen weiterzugeben. Ihre figural-räumlichen Kompetenzen verwendet sie, um die Schüler beim Basteln und Malen anzuleiten. Schließlich benutzt sie ihre zeitlich-planerischen Kompetenzen, um die Unterrichtsstunden, Tages- und Wochenpläne und selbst das ganze Schuljahr zu gestalten.

Der Intelligenzquotient wird auf der ganzen Welt als das Maß für die Intelligenz angesehen (Jensen 1994). Kompetenzen wie Sprache, logisch-mathematisches Denken und soziale Kognition sind jedoch von Mensch zu Mensch und selbst beim einzelnen Mensch unterschiedlich angelegt; eine einzige Zahl kann ihnen nicht gerecht werden. Im Fit-Prinzip verwenden wir acht Kompetenzen, die auf das Modell der multiplen Intelligenzen von Howard Gardner (1985) zurückgehen. Die Kompetenzen geben mit ihrer individuellen Ausprägung die Einzigartigkeit der Fähigkeiten und Fertigkeiten eines Menschen und seine Denk- und Handlungsweisen weitaus besser wieder als eine abstrakte Zahl wie der Intelligenzquotient.

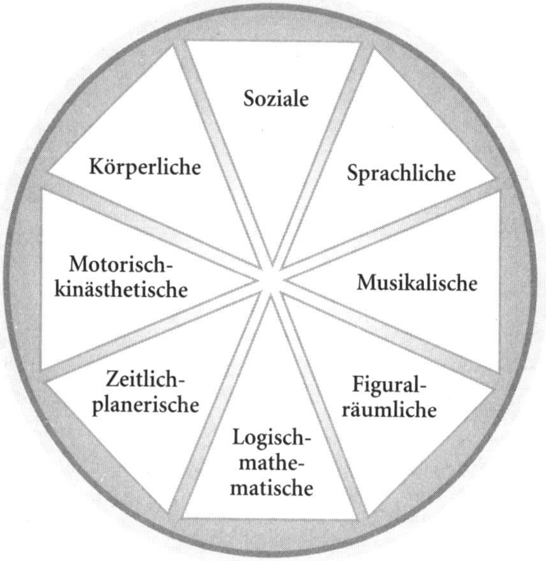

Die acht Kompetenzen des Menschen.

Soziale Kompetenzen

»Menschen können nicht nicht kommunizieren« (Watzlawick et al. 1974). Wenn wir einem anderen Menschen begegnen, kommt es immer zu irgendeiner Form von Kommunikation. Selbst wenn wir einander ignorieren, haben wir Beziehung zum anderen aufgenommen. Im Verlauf der Evolution haben sich unsere sozialen Kompetenzen in einer Weise weiterentwickelt, die weit über die sozialen Fähigkeiten anderer Lebewesen hinausgeht. Die folgenden vier Kompetenzen machen unser hochentwickeltes Beziehungsverhalten aus: Körpersprache, Bindungs- und fürsorgliches Verhalten, imitatives und soziales Lernen sowie soziale Kognition.

Körpersprache

Unsere Körpersprache, die sogenannte nonverbale Kommunikation, ist mit einer Vielzahl höchst differenzierter sozialer Signale ausgestattet. So können wir mit der Mimik, den Gesichts- und Stirnfalten, Augen und Augenbrauen eine ganze Palette von Emotionen wie Freude, Furcht und Trauer zum Ausdruck bringen. Wenn sich zwei Menschen ungewöhnlich lange und tief in die Augen schauen, kann es sich um eine Mutter handeln, die mit ihrem Säugling Zwiesprache hält, oder um Verliebte, die sich in den unergründlichen Tiefen ihrer Seelen verlieren. Schauen wir einem Menschen auch nur einen Lidschlag zu lang oder zu kurz in die Augen, haben wir ihm bereits ganz unterschiedliche Botschaften vermittelt. Blicke sprechen Bände. Wir können in einem warmen, schmeichelnden oder schneidend kalten und verletzenden Ton sprechen. In einem Gespräch ist oft weniger der Inhalt der Worte von Bedeutung als die Art und Weise, in der wir sprechen. So wird aus »Du kleiner Schelm«, liebevoll gesagt, ein Kosewort.

Unser emotionales Befinden und wie wir anderen Menschen gegenüber eingestellt sind, drücken wir auch mit der Körperhaltung aus. Wenn wir müde sind, lassen wir die Schultern hängen. Sind wir einer Person besonders zugetan, wenden wir uns ihr nicht nur gefühlsmäßig zu, sondern spiegeln auch ihre Körperhaltung, schlagen beispielsweise die Beine auf dieselbe Weise übereinander. Wir verfügen wie die meisten Tiere über ein ausgeprägtes Distanzverhalten. Uns umgibt eine unsichtbare, aber wohldefinierte Sicherheitszone, die je nach Kultur und Lebenssituation unterschiedlich groß sein kann. Dringt eine fremde Person in diese Zone ein, löst ihr Verhalten bei uns Abwehr oder eine Fluchtreaktion aus. Der Abstand, den wir von anderen Menschen respektiert haben wollen, wird bestimmt von der Situation, in der wir uns befinden, der Vertrautheit mit dem Gegenüber und unserer kulturellen Prägung. Wenn wir beispielsweise in einem Park allein auf einer Bank sitzen und alle anderen Bänke leer sind, reagieren wir irritiert, wenn sich ein Fremder zu uns auf die Bank setzt. In der Straßenbahn dagegen lassen wir es zu den Hauptverkehrszeiten durchaus zu, dass sich eine fremde Person über längere Zeit in Tuchfühlung mit uns aufhält. Wir halten sie uns gefühlsmäßig auf Distanz, indem wir jeglichen Blickkontakt vermeiden. Die Fähigkeit, soziale Signale wahrzunehmen und auszudrücken, ist angeboren. Welche Bedeutung Körpersignale haben und wie sie eingesetzt werden ist jedoch erworben, etwa Händeschütteln oder eine Umarmung bei einer Begrüßung.

Bereits junge Säuglinge können einfache Körpersignale wie Mimik und Stimme wahrnehmen und Gefühle wie Angst, Ekel und Neugier mimisch ausdrücken. In den ersten zwei Lebensjahren kommunizieren Kinder ausschließlich über die Körpersprache. Danach gewinnt die gesprochene Sprache immer mehr an Bedeutung. Im Erwachsenenalter sind die Elemente der nonverbalen Kommunikation von Mensch zu Mensch sehr unterschiedlich ausgeprägt. So gibt es Erwachsene, die die feinsten Regungen in der Mimik, Körperhaltung oder Stimme des Gegenübers wahrnehmen und adäquat darauf reagieren. Andere dagegen können Körpersignale nur ungenügend lesen und verhalten sich deshalb in sozialen Situationen oftmals unpassend. Etwa 1 Prozent der Bevölkerung leidet an einer besonderen Art der visuellen Wahrnehmungsschwäche.

Sie sind unfähig, Personen an ihren Gesichtern zu erkennen. Selbst das Gesicht von Mutter und Vater bleibt den betroffenen Kindern fremd (sogenannte Gesichtsblindheit oder Prosopagnosie; Grüter, Grüter 2007). Die Elemente der nonverbalen Kommunikation sind nicht nur zwischen den Menschen, sondern auch beim einzelnen Menschen unterschiedlich angelegt. Deshalb kann ein Mensch beispielweise über eine sehr lebhafte Mimik verfügen, während seine Stimme monoton und wenig ausdrucksvoll ist. Die nonverbale Kommunikation bleibt bis ins hohe Alter ein Grundelement des Beziehungsverhaltens.

Bindungsverhalten und Fürsorge

»Der Erwachsene achtet auf Taten, das Kind auf Liebe.«

Indisches Sprichwort

Jedes Kind will sich geborgen und angenommen fühlen. Es will sich an Personen binden und mit ihnen vertraut werden, um von ihnen ausreichend Nähe und Zuwendung zu erhalten und seine Bedürfnisse befriedigt zu bekommen. Nur wenn sich ein Kind geborgen und angenommen fühlt, ist es neugierig, will die für seine Entwicklung notwendigen Erfahrungen machen und kann seine Fähigkeiten voll zur Entfaltung bringen.

Das Kind bindet sich nicht nur an seine biologischen Eltern, sondern grundsätzlich an jede Person, die es umsorgt und beschützt und ihm dadurch vertraut wird, so auch an die Großeltern, Erzieherinnen und Lehrer (Bowlby 1969, 1973). Jedes Kind geht eine bedingungslose Bindung zu seinen Eltern und auch zu weiteren Bezugspersonen ein, wenn die Beziehung zeitlich ausgedehnt und umfassend ist. Es ist ihnen vorbehaltlos zugetan und damit auch auf

Gedeih und Verderb von ihnen abhängig. Die Bindung zwischen dem Kind und seinen Eltern und Bezugspersonen entsteht durch gemeinsame Erfahrungen und gegenseitiges Vertrautwerden, hängt also wesentlich von der Zeit ab, die sie miteinander verbringen. Das Kind will sich aber nicht nur binden, sondern sich auch wohlfühlen. Für sein psychisches und körperliches Wohlbefinden ist die Qualität der Beziehung mit den Eltern und Bezugspersonen maßgebend. Ein feinfühliger Umgang mit dem Kind weist die folgenden Merkmale auf: Die Person ist dem Kind umfassend vertraut. Sie ist verfügbar, verlässlich und reagiert angemessen auf die individuellen Bedürfnisse des Kindes. Erfüllt eine Person diese Bedingungen, wird sie für das Kind zu einem Hort emotionaler Sicherheit und körperlichen Wohlbefindens. Darf ein Kind so aufwachsen, stellt sich, wie Erik Erikson (1971) es genannt hat, ein Urvertrauen, eine den Menschen zugewandte Grundhaltung ein.

Die kindliche Bindung nimmt nach der Geburt rasch an Stärke zu, erreicht in den ersten Lebensjahren ihren Höhepunkt und wird danach langsam schwächer. Es entwickelt sich eine innige emotionale und körperliche Abhängigkeit, die das Kind nicht nur mit charakteristischen Verhaltensweisen wie dem Verlangen nach Nähe und Zuwendung zum Ausdruck bringt, sondern auch in einem Fremdeln und einer Trennungsangst (Dixon 1981). In der Pubertät löst sich die Bindung an die Eltern und Bezugspersonen so weit auf, dass der junge Erwachsene emotional und sozial selbständig wird. Die Bindung hat aus verhaltensbiologischer Sicht ihren Zweck, die Entwicklung des Kindes zu gewährleisten, erfüllt. Der junge Erwachsene sucht nun Geborgenheit und Zuwendung bei den Peers und bindet sich schließlich an einen Partner oder eine Partnerin. Auch Erwachsene wollen sich geborgen und angenommen fühlen, wenn auch weit weniger als Kinder.

Die Bindungsbereitschaft ist unter Kindern unterschiedlich groß. So nehmen manche Kleinkinder rasch Beziehungen zu anderen Personen auf und binden sich nach kurzer Zeit an eine Erzieherin in der Kita. Andere tun sich weitaus schwerer damit, ohne Mutter oder Vater auszukommen, selbst noch im Schulalter. Unter Erwachsenen ist das Grundbedürfnis nach Geborgenheit und Zuwendung ebenfalls unterschiedlich ausgeprägt.

Auch Eltern binden sich an das Kind, aber nicht alle so bedingungslos und stark wie das Kind an die Eltern. Durch die Bindung und eine genuine Bereitschaft zur Fürsorge sind Mutter und Vater zutiefst bereit, für das Kind zu sorgen und es in seiner Entwicklung zu unterstützen. Manche Eltern nehmen für sein körperliches und psychisches Wohl größte Strapazen und Entbehrungen auf sich. Eltern geben aber nicht nur, sie werden von den Kindern über viele Jahre hinweg mit Zuwendung reichlich belohnt. Wenn das Baby satt und zufrieden in ihren Armen liegt, sich wohlfühlt, lächelt und Quietschlaute von sich gibt, erleben seine Eltern ein tiefes Gefühl der Befriedigung, ja des Glücks. Und sie sind stolz, wenn ihr Kind einige Jahre später zum ersten Mal Interesse an Buchstaben und Zahlen zeigt. Nicht nur Eltern, sondern auch Großeltern, Erzieherinnen und Lehrer fühlen sich zu Kindern, die sie betreuen, hingezogen und erleben eine große Befriedigung, wenn sie sich gut entwickeln.

Die Bindungsbereitschaft wie auch das fürsorgliche Verhalten sind bei Erwachsenen unterschiedlich ausgeprägt; beim weiblichen Geschlecht stärker als beim männlichen.

Dabei sind die Unterschiede zwischen den Geschlechtern deutlich kleiner als diejenigen zwischen den Individuen innerhalb eines Geschlechts.

Imitatives und soziales Lernen

> »Wir können Kinder nicht erziehen; die machen uns eh alles nach.« *Karl Valentin*

Welche zwischenmenschlichen Verhaltensweisen und Moralvorstellungen, aber auch Tätigkeiten ein Kind verinnerlicht, hängt von seinen Vorbildern ab. Lesen die Eltern regelmäßig Bücher, erzählen sie dem Kind Märchen und lesen ihm Abenteuergeschichten vor, wird es im besten Fall auch eine Leseratte werden. Kochen die Eltern mit dem Kind und ist der Familientisch ein Ort regen Austausches, wird das Kind später auch als Mutter oder Vater diese Tradition fortsetzen.

Die Sozialisierung von Kindern erfolgt weit weniger durch erzieherische Belehrungen als vielmehr durch die Orientierung an Vorbildern. Nur so können sie sich ein vielschichtiges Beziehungsverhalten aneignen, das einen sozial kompetenten Menschen auszeichnet. Manche Anthropologen sind der Ansicht, dass das imitative Lernen wesentlich zur sozialen Evolution des Menschen beigetragen hat, indem es die Tradierung von Verhaltensweisen und Wertvorstellungen von Generation zu Generation gewährleistete (Mayr 2003).

Kinder kommen mit einer inneren Bereitschaft auf die Welt, das Verhalten und die Wertvorstellungen anderer Menschen nachzuahmen und zu verinnerlichen (Bandura 1976). Bereits Neugeborene können den mimischen Ausdruck eines offenen Mundes und einer herausgestreckten

Zunge imitieren (Melzoff, Moore 1977). Wie das Kind in den ersten Lebensjahren Verhaltensweisen und Tätigkeiten verinnerlicht, kommt im sogenannten Symbolspiel besonders deutlich zum Ausdruck (Largo, Howard 1979a). Bereits mit 12 bis 15 Monaten beginnt das Kind, sich den funktionellen Gebrauch von Gegenständen, etwa des Löffels, durch Nachahmung anzueignen. Mit 15 und 18 Monaten kann es Handlungen wie »mit dem Löffel essen« auch an einer Person oder einer Puppe ausführen. In einem weiteren Entwicklungsstadium stellt es sich vor, dass die Puppe den Löffel selbst benutzt. Im Alter von drei bis vier Jahren sind seine feinmotorischen Fähigkeiten so weit entwickelt, dass das Kind mit seinem Gekritzel die Eltern und Geschwister beim Schreiben nachahmen will. Im Schulalter bringt das Bedürfnis, zur Gemeinschaft zu gehören, das Kind dazu, soziale Regeln, Wertvorstellungen und ganze Rollenmuster zu übernehmen. Eine Bereitschaft, die sich in der Pubertät so weit verstärkt, dass nicht mehr die Eltern und andere Bezugspersonen, sondern die Peers zu den dominierenden Vorbildern werden.

Die Bereitschaft, sich an Vorbildern zu orientieren, bleibt das ganze Leben erhalten. Sie ist in der Kindheit ausgesprochen stark, wenn auch bei jedem Kind unterschiedlich ausgebildet. Es gibt Kinder, die richten sich in einem – für die Eltern – fast beängstigenden Ausmaß auf bestimmte Personen aus, etwa auf eine heißgeliebte Kindergärtnerin oder einen bewunderten Teenager. Auch manche Erwachsene orientieren sich ausgeprägt an Vorbildern, zum Beispiel bei der Wahl ihrer Frisur oder Kleidung oder in ihren politischen Ansichten.

Soziale Kognition

> »Tue anderen nicht, was du nicht möchtest, dass sie dir tun.« *Konfuzianismus, 5. Jahrhundert v. Chr.*

Die Goldene Regel kommt in allen großen Kulturen und Religionen der vergangenen 2500 Jahren vor. Ihr liegt eine wunderbare geistige Fähigkeit zugrunde: Wir können uns nicht nur in unser eigenes Empfinden, unser Denken und Handeln einfühlen, sondern auch in dasjenige unserer Mitmenschen. Diese Fähigkeit zur Einsicht in das eigene Befinden und die eigenen Gedanken (Introspektion) und in diejenigen der Mitmenschen (Extrospektion) ist eine Grundvoraussetzung dafür, dass wir über ein so hochdifferenziertes Beziehungsverhalten und eine universelle Moral verfügen, die nicht nur alle Menschen, sondern alle Lebewesen miteinschließt.

Einen ersten großen Entwicklungsschritt in der sozialen Kognition macht das Kind im Alter von etwa 24 Monaten. Es nimmt sich selbst im Spiegel als Person bewusst wahr (Bischof-Köhler 1989). Mit zwei Wörtern, die das Kind besonders gerne benutzt, bringt es seine erwachende Identität zum Ausdruck: »Ich will.« Mit etwa vier Jahren schafft es einen weiteren großen Entwicklungsschritt: Es beginnt, sich in die Emotionen anderer Menschen einzufühlen und ihre Denk- und Handlungsweisen nachzuvollziehen und allmählich auch vorauszusehen. Diese Fähigkeit wird in der Psychologie »Theory of Mind« (Theorie des Denkens) genannt (Premack, Woodruff 1978; Wimmer, Perner 1983; Bischof-Köhler 2000). In den folgenden Jahren differenziert sich das Verständnis für soziales Verhalten und zwischenmenschliche Beziehungen immer weiter aus (Kohlberg 1976, 1996). So macht das Kleinkind die Erfahrung, dass bestimmte Verhaltensweisen erwünscht sind und andere, weil unerwünscht, etwa an einer elektrischen Steckdose herumzufingern, geahndet werden (Gehorsam und Strafe). Aus diesen Erfahrungen von Gehorsam und Strafe sowie gegenseitigem Einvernehmen entstehen im Alter von vier bis sechs Jahren erste Vorstellungen von Gut, was man tun soll, und Böse, was man nicht tun darf. Kinder hören brennend gern Märchen, in denen in unzähligen Varianten von Gut und Böse erzählt wird. Im Vorschulalter herrscht eine Autoritätsmoral, die sich an Gehorsam, Lob und Strafe orientiert. Im Schulalter werden die Moralvorstellungen zunehmend vom Umgang mit den anderen Kindern geprägt. Das Kind übernimmt die Regeln und Rituale, die in der Gruppe gültig sind (Regeln der Gemeinschaft). Eltern und Lehrer setzen ihre Autorität ein, um beim Kind ein Bewusstsein für Pflichterfüllung zu wecken. So soll es lernen, was Ordnung bedeutet, beispielsweise Müll nicht auf die Straße, sondern in den Abfalleimer zu werfen. Nach dem zehnten Lebensjahr verinnerlicht das Kind die Regeln, die in der Gesellschaft gelten, und entwickelt allmählich ein Verständnis für gesellschaftliche Strukturen und staatliche Einrichtungen. Es entsteht eine Art Grundsatzmoral, die auf der Übereinstimmung der eigenen Vorstellungen mit den herrschenden Normen, Rechten und Pflichten zum Wohl der Gesellschaft beruht (Recht und Ordnung, »Law and Order«). In der Adoleszenz schließlich stellt sich eine allgemeingültige Moral ein. Ethische Werte wie Freiheit und Gerechtigkeit sollen nicht nur für die eigene Gesellschaft, sondern für alle Menschen gelten. Zu allen Zeiten waren junge Erwachsene für eine solche absolute Moral besonders empfänglich, die sich an allgemeingültigen ethischen Prinzipien orientiert und alle

Menschen sowie möglichst alle Lebewesen miteinschließt (universelle Ethik). So setzt sich heute die junge Generation weit mehr als die ältere für das Klima und den Artenschutz von Pflanzen und Tieren ein.

In allen Altersperioden herrschen unterschiedliche Moralvorstellungen. So ist das ethische Bewusstsein auch bei Erwachsenen verschieden stark ausgeprägt. Nur eine kleine Minderheit orientiert sich an einer universellen Ethik. Die meisten Menschen halten sich an eine Moral von Recht und Ordnung, die in der Gesellschaft Gültigkeit hat, oder gar nur an Regeln, die das zwischenmenschliche Verhalten in der eigenen Lebensgemeinschaft bestimmen (Clan / Stammes-Verhalten). Die unterschiedlichen moralischen und gesellschaftlichen Vorstellungen sind ein wichtiger Bestandteil divergierender politischer Überzeugungen.

Neben einer Moral der sozialen Gerechtigkeit (Rawls 1979) verinnerlichen Kinder auch eine Moral der Fürsorge (Gilligan 1985), die ihnen vor allem von ihren Müttern und Frauen vorgelebt wird. Sie hat ihre Wurzeln in der Familie und ist auf die Bedürfnisse von Kindern ausgerichtet, soll aber auch allen Schwachen, etwa Flüchtlingen, Kranken und sozial Benachteiligten weltweit zugutekommen. Die Goldene Regel wird dann zu einer Moral von Gerechtigkeit und Fürsorge, wenn wir sie positiv formulieren: »Geh mit den anderen Menschen so um, wie du möchtest, dass sie mir dir umgehen.«

Sprachliche Kompetenzen

Das Amselmännchen sucht sich mit seinem Gesang eine Partnerin. Das Piepsen der Jungen motiviert die Amselmutter, Nahrung herbeizuschaffen. Mit lautem Geschrei wehrt sie andere Vögel ab, die in ihr Territorium einzudringen versuchen. Tiere kommunizieren mit Signalen, die entweder durch einen inneren Reiz (Partnersuche) oder durch einen äußeren Reiz (Piepsen der Jungen, das Erscheinen eines Eindringlings) ausgelöst werden. Sie vermitteln einander Botschaften, die Bedürfnisse ausdrücken oder Verhaltensweisen wie Aggression oder Flucht auslösen. Tiere kommunizieren, haben aber keine Sprache. Die menschliche Sprache besteht nicht nur aus Signalen, sondern ist eine Kommunikation mit Symbolcharakter (Piaget 1972). Sie ermöglicht uns, Informationen mit ganz unterschiedlichen Inhalten auszutauschen, und dies unabhängig von den jeweiligen inneren und äußeren Gegebenheiten. So unterhalten wir uns im November über die Ferien im vergangenen Sommer und überlegen uns, wo und mit wem wir im kommenden Jahr unseren Urlaub verbringen wollen. Ein weiteres Merkmal der menschlichen Sprache ist, dass Worte in einem immer neuen Zusammenhang verwendet werden können, so auch in einem übertragenen Sinn: »Der Krug geht so lange zum Brunnen, bis er bricht.« Würde die menschliche Sprache wie die Kommunikation unter Tieren lediglich der Signalübermittlung dienen, hätte unsere Kultur nie entstehen können.

Das Kind eignet sich Sprache nicht durch Nachahmung an. Wäre dies der Fall, müsste es alle Sätze und Wörter, die es in Zukunft einmal verwenden wird, zuvor mindestens einmal gehört haben. Das Kind kommt vielmehr mit einer Prädisposition auf die Welt, die Elemente der Sprache erkennen zu können. Es verfügt über eine angeborene Fähigkeit, die »Tiefenstruktur der Sprache« (Chomsky 1967) zu erfassen und anzuwenden. Die bis zu 6000 Sprachen, die derzeit weltweit noch gesprochen werden, beruhen alle auf den gleichen linguistischen Gesetzmäßigkeiten.

Die Sprache besteht im Wesentlichen aus vier Elementen. Eines davon ist die Wahrnehmung des gesprochenen Wortes (Phonologie). Sprachlaute werden vom Gehirn grundlegend anders verarbeitet als Töne und Geräusche (Eimas et al. 1971). Die unterschiedliche Verarbeitung erklärt, warum wir auf Sprachlaute anders reagieren als auf Töne und Geräusche (Lisker 1970). Die Art und Weise, wie wir sprechen, verleiht der Sprache ihre emotionale Qualität und soziale Bedeutung (Prosodie). Eine Mutter spürt intuitiv, dass ihr Säugling aufmerksamer zuhört, wenn sie mit einer hohen und singenden Stimme zu ihm spricht. Die Gestaltung der einzelnen Wörter und ihre Abfolge in Sätzen gehorchen strengen formalen Gesetzmäßigkeiten, die eine verlässliche Zuschreibung von symbolischen Inhalten erst möglich machen (Grammatik und Syntax). Wenn ein Kind einen Satz wie »Die Katze schläft auf dem Sofa« hört, ist es fähig, aus der Abfolge von Lauten drei Wortklassen zu unterscheiden: Substantive wie »Katze« und »Sofa«, die sich auf das Tier und das Möbelstück beziehen, und Verben wie »schlafen«, die eine Tätigkeit bezeichnen, und Präpositionen wie »auf«, die auf eine räumliche Beziehung hinweisen. Das Kind begreift zudem, dass das Verb in seiner Form vom Subjekt »Katze« bestimmt wird und »auf dem Sofa« einen Ort bezeichnet. Die formalen Regeln der gesprochenen Sprache zu kennen macht ein Kind noch nicht sprachkompetent. Dafür muss es auch den Inhalt von Wörtern und Sätzen erfassen (Semantik und Lexik). Das Kind muss, um bei diesem Beispiel zu bleiben, verstehen, wer mit »Katze« und »Sofa« gemeint ist und welches Verhalten das Wort »schlafen« bezeichnet. Es muss also jedes Wort mit der entsprechenden Vorstellung zusammenbringen (Largo, Howard 1979b). Alle Elemente der Sprache eignet sich das Kind selbständig an! Eltern würde es nie einfallen, ihrem Kind die Regeln der Grammatik beibringen zu wollen.

Die Elemente der menschlichen Sprache sind im Verlauf der Evolution aus der nonverbalen Kommunikation (Körpersprache) hervorgegangen. Dies geschieht im Zeitraffertempo in der Sprachentwicklung jedes Kindes. In den ersten zwei Lebensjahren kommunizieren Kind und Eltern fast ausschließlich über die Körpersprache. Nach dem ersten Lebensjahr erwerben die Kinder jeden Tag mehrere neue Wörter. Mit zwei Jahren bilden sie Zwei-Wort-Sätze und mit drei bis vier Jahren Mehr-Wort-Sätze. Im Alter von fünf Jahren können sich die meisten Kinder in vollständigen Sätzen ausdrücken (Largo et al. 1986, Szagun 2006). Kleine Kinder sind geradezu Lerngenies.

Dieser höchst anspruchsvolle Prozess des Spracherwerbs kann nur gelingen, wenn das Kind in einem ständigen sprachlichen Austausch mit Eltern, Bezugspersonen und vor allem anderen Kindern steht. Dabei genügt es nicht, Sprache nur zu hören. Das Kind muss Sprache konkret erleben. Nur wenn es das Gehörte mit Personen und Gegenständen, Handlungen, Emotionen und Situationen unmittelbar verbinden kann, lernt es, Sprache zu verstehen und schließlich auch zu sprechen. Die ganzheitliche Art, wie Kinder eine Sprache erlernen, wird als synthetischer Spracherwerb bezeichnet. Diese Fähigkeit ist in den ersten Lebensjahren am größten, nimmt im Schulalter langsam ab und kommt in der Pubertät weitgehend zum Erliegen (Lenneberg 1967). Nur in Ausnahmefällen bleibt der synthetische Spracherwerb im Erwachsenenalter erhalten. Die meisten Erwachsenen können eine Sprache nicht mehr ganzheitlich wie Kinder lernen. Sie müssen sie sich durch Auswendiglernen von Wörtern und den formalen Elementen der Sprache wie Grammatik und Syntax oft mühsam aneignen. Dieser als analytisch bezeichnete Spracherwerb führt meist nur noch zu einer beschränkten Sprachkompetenz, die charakteristischerweise mit einem Akzent behaftet ist.

Die Fähigkeit, eine Sprache synthetisch zu erwerben, ist unter den Kindern sehr unterschiedlich angelegt. So gibt es Kinder, die mit 10 bis 12 Monaten die ersten Wörter sprechen, andere erst mit 28 bis 32 Monaten. Beim Eintritt in die Grundschule variiert der Wortschatz unter den Schülern zwischen 1500 und 7000 Wörtern. Im neunten Schuljahr erbringt ein Teil der Schüler im Lesen und Schreiben Leistungen, die weit über den durchschnittlichen Fähigkeiten von Erwachsenen liegen, während andere Schüler nicht über die Stufe der vierten bis fünften Klasse hinausgekommen sind. Der analytische Spracherwerb ist unter Jugendlichen und Erwachsenen ebenfalls sehr unterschiedlich angelegt. Es erstaunt daher nicht, dass die sprachlichen Kompetenzen auch unter Erwachsenen sehr verschieden ausgebildet sind. So gibt es Erwachsene, die mehrere Sprachen perfekt beherrschen, andere verfügen selbst in ihrer Muttersprache nur über eine beschränkte Kompetenz.

Sprache war zu allen Zeiten und in allen Kulturen von großer Bedeutung. Nie zuvor wurde aber ein Zeitalter von der Kommunikation derart beherrscht wie das unsrige. Soziale Medien, riesige Datenmengen und elektronischer

Informationsaustausch durchdringen heute unser Privatleben genauso wie die Arbeitswelt. So bestimmt die individuelle Ausgestaltung der sprachlichen Kompetenzen in hohem Maß die individuellen Entfaltungsmöglichkeiten in Gesellschaft und Wirtschaft und damit auch das Leben der Menschen.

Musikalische Kompetenzen

> »Musik ist die einzige Sprache, in der nicht gelogen werden kann.« *Yehudi Menuhin*

Und die man nicht lernen muss, um sie zu verstehen. Musik vermag oft weit besser als das gesprochene und geschriebene Wort, Emotionen unterschiedlichster Art, mannigfaltige Stimmungen und verborgene Sehnsüchte hervorzurufen. Sie wirkt wie ein Katalysator auf unser Gefühlsleben und weckt ein ausgeprägtes Verlangen nach Zusammengehörigkeit.

Im antiken Europa war der Kranich mit seinem spektakulären Balztanz ein Symbol für das Erhabene und Glück. Die Nachtigall singt so wunderbar, dass sie seit der Romantik in Dramen und Gedichten als Vogel der Liebe einen festen Platz einnimmt. Der Kranich ist in seinem Tanz genauso festgelegt wie die Nachtigall in ihrem Gesang. Wir Menschen sind es nicht. Unsere Vorfahren haben im Verlauf der Zeit Abertausende von Liedern und Tanzformen geschaffen und eine Vielzahl von Musikinstrumenten erfunden. Einmal mehr ist es die enorme Kreativität und Gestaltungskraft, die uns Menschen einzigartig macht.

Bereits im Mutterleib zeigt der Fötus eine Vorliebe für die melodiösen und rhythmischen Anteile der Sprache

(Mampel et al. 2009). Im Alter von zwei Monaten kann ein Baby das Singen seiner Mutter anhand von Tonhöhe, Lautstärke und Melodie wiedererkennen (Papousek, Papousek 1989). Im Alter von einem Jahr erfasst das Kind die rhythmische Struktur von Liedern und beginnt im zweiten Lebensjahr einfache Tonfolgen nachzusingen. Ab dem dritten Lebensjahr hat es großen Spaß an Reimen wie »Hoppe-hoppe-Reiter«, die von rhythmischen Körperbewegungen begleitet werden. Im Kindergartenalter lieben es Kinder, gemeinsam Lieder zu singen. Im Schulalter lernen sie ein Musikinstrument wie Flöte oder Klavier zu spielen. In jedem Alter tanzen Kinder gern, besonders aber in der Pubertät. Ein Popsänger kann eine unbändige Lebensfreude bei Teenagern auslösen. Musik und Tanz bringen Jugendliche einander näher und helfen, Schranken abzubauen.

Die musikalischen Kompetenzen wie Singen und Tanzen, Musizieren und Komponieren sind von Mensch zu Mensch sehr unterschiedlich ausgebildet. Das Ausnahmetalent Wolfgang Amadeus Mozart hörte im Alter von 14 Jahren in Rom das vom Vatikan streng geheim gehaltene neunstimmige »Miserere« von Gregorio Allegri und schrieb die Partitur anschließend aus dem Gedächtnis fehlerfrei nieder. Manche Menschen können ein einfaches Kinderlied erst nach mehrmaligem Hören nachsingen und selbst dann oft nicht fehlerfrei. Die große Vielfalt unter den Menschen entsteht, weil beim Singen, Musizieren und Tanzen nicht nur musikalische Elemente wie das absolute Musikgehör und Merkfähigkeit, sondern auch stimmliche und atemphysiologische Elemente sowie fein- und grobmotorische Kompetenzen eingesetzt werden, die alle sehr unterschiedlich angelegt sein können. So ist ein begabter

Pianist nicht zwangsläufig auch ein guter Sänger oder Tänzer.

Musik war in der Vergangenheit ein hohes Kulturgut, das über viele Generationen hinweg tradiert wurde. In der modernen Gesellschaft hat die Musik leider ihre traditionsbewahrende und solidaritätsstiftende Kraft immer mehr verloren und verkommt zunehmend zu einem globalen Konsumgut der Unterhaltungsindustrie.

Figural-räumliche Kompetenzen

In meinem Nachbardorf leben etwa 60 Störche, die während der warmen Jahreszeit auf den Dächern der Häuser und der Kirche nisten. Im Spätherbst fliegen sie nach Afrika und kommen im Frühling wieder zurück. Ihr räumliches Orientierungsvermögen ist so gut entwickelt, dass sie nicht nur die Region, das Dorf, sondern auch ihren vormaligen Nistplatz wiederfinden. Ist er von Artgenossen bereits besetzt, kommt es zu einem riesigen Geschrei. Die figural-räumlichen Kompetenzen befähigen alle Lebewesen, die auf oder unter der Erde, in der Luft oder im Wasser leben, ihre Umwelt mit ihren Erscheinungsformen und räumlichen Dimensionen so weit zu erfassen und sich darin zu orientieren, dass ihr Überleben gewährleistet ist.

Unsere figural-räumlichen Kompetenzen beruhen auf der visuellen und taktil-kinästhetischen Wahrnehmung (Oberflächen- und Tiefenwahrnehmung). Die visuelle Wahrnehmung benutzen wir, um etwa Formen und Farben von Gegenständen zu erkennen und uns räumlich zu orientieren. Die Oberflächen- und Tiefenwahrnehmung wird uns von den Sinnesorganen der Haut, den Muskeln und Gelenken vermittelt und dient dazu, um beispielsweise das Gewicht und die Oberflächenbeschaffenheit eines Gegenstandes zu erfassen. Die figural-räumlichen Kompetenzen in Verbindung mit den motorischen gebrauchen wir, um uns mit Unterstützung des Gleichgewichtssinns (vestibuläres Organ) im Raum zu bewegen und uns, etwa beim Tanzen und Zeichnen, gestalterisch auszudrücken.

Ein Säugling kann bereits in den ersten Lebenswochen bestimmte visuelle Muster wie das menschliche Gesicht zuverlässig erkennen (Fantz 1965). Einige Monate später sind seine figuralen Kompetenzen so weit ausgebildet, dass das Kind vertraute von unvertrauten Gesichtern unterscheiden und feinste mimische Regungen erfassen kann. Die gegenständliche Umwelt vermag es ebenfalls bis ins kleinste Detail zu erkennen. Im vierten Lebensjahr beginnt das Kind, seine inneren Vorstellungen etwa beim Zeichnen gestalterisch auszudrücken. In den folgenden Jahren entstehen aus dem einfachen Kopffüßler menschliche Figuren, die das Kind mit Haaren, Rumpf und Extremitäten, Händen und Füßen, Fingern und Zehen versieht. In der Pubertät weiten sich die figural-räumlichen Kompetenzen ein letztes Mal aus. Die Perspektive wird in die Zeichnung eingebracht, und es entsteht ein Verständnis für darstellende Geometrie und kartographische Abbildungen wie Land- und Sternenkarten. Die figural-räumliche Wahrnehmung ist in jedem Alter weitaus besser entwickelt als die gestalterischen Fähigkeiten.

Die figural-räumlichen Kompetenzen sind unter den Menschen sehr unterschiedlich angelegt. Bei den Frauen scheinen die figuralen, bei Männern die räumlichen Kompetenzen etwas besser ausgebildet zu sein. Es gibt aber nicht wenige Männer, die eine Straßenkarte nicht lesen können und beim Autofahren selbst in der eigenen Stadt auf ein Navigationsgerät angewiesen sind. Andererseits gibt es begabte Orientierungsläuferinnen, die sich mit rudimentären Karten in unbekannten Landschaften zurechtfinden.

In den vergangenen 200 Jahren haben bildgebende Verfahren wie Fotografie und Film und neuerdings die Informationstechnologie zu völlig neuen Darstellungsformen geführt, die in ihrem Ausmaß und ihrer Komplexität unser figural-räumliches Vorstellungsvermögen immer mehr herausfordern und zunehmend auch überfordern. Welche Auswirkungen es auf die figural-räumlichen Kompetenzen und das psychische und körperliche Wohlbefinden haben wird, wenn Erwachsene und insbesondere Kinder immer mehr Zeit in virtuellen Räumen und immer weniger in der realen Welt verbringen, können wir derzeit noch nicht abschätzen.

Logisch-mathematische Kompetenzen

Die logisch-mathematischen Kompetenzen sind für uns die Königsdisziplin der menschlichen Intelligenz. Sie sind *das* Denken schlechthin, weil sich logisches Denken und mathematische Erkenntnisse als die widerspruchsfreiesten und beständigsten aller geistigen Konstrukte erwiesen haben. In dieser großen Aussagekraft liegt auch eine verführerische Stärke logisch-mathematischer Aussagen. Galileo Galilei mahnte bereits vor 400 Jahren zur Vorsicht: »Alles Wissen ist vorläufig, bis es sich als falsch herausstellt.« Dies gilt nicht nur für wissenschaftliche Erkenntnisse, sondern auch für wohlüberlegte Annahmen im Alltag.

Die logisch-mathematischen Kompetenzen bestehen im weitesten Sinn aus Einsichten über das Wesen von Objekten jeglicher Art und deren Zusammenwirken. Dazu sind nicht nur die Menschen, sondern auch viele Tierarten fähig. Sie verfügen, wenn auch in sehr unterschiedlichem Ausmaß, über ein kausales Denken und können Mengen auch einschätzen. So weiß die Katze, wenn die Frau am Morgen die Treppe herunterkommt und in die Küche geht: Jetzt gibt es etwas zu fressen. Stehen zwei Futternäpfe herum, wendet sich die Katze demjenigen zu, der am meisten gefüllt ist. Ein Teilbereich der logisch-mathematischen Kompetenzen ist das Zahlenverständnis. Bei der Arithmetik geht es nicht nur um die Quantifizierung von Größen und Mengen, sondern auch um das Operationalisieren von Zahlen und deren qualitative Merkmale wie natürliche Zahlen, Primzahlen oder die Zahl π?.

Das logisch-mathematische Denken wurzelt in den konkreten Erfahrungen, die das Kind im Verlauf seiner Entwicklung mit der gegenständlichen und sozialen Umwelt macht. So entwickelt es bereits im ersten Lebensjahr ein Verständnis für kausale Zusammenhänge. Es entdeckt beispielsweise, dass Musik erklingt, wenn es an der Schnur der Spieluhr zieht. Mit 18 bis 24 Monaten realisiert das Kind, dass Gegenstände aufgrund bestimmter Eigenschaften, etwa Farbe oder Form, gleich oder verschieden sein können. Das Kategorisieren ist eine weitere Grundfunktion des logischen Denkens. Bereits Neugeborene und junge Säuglinge verfügen über einfache Mengenvorstellungen (Starkey et al. 1990), die sich in den folgenden Jahren immer mehr ausdifferenzieren. Das Zahlenverständnis bleibt im Vorschulalter sehr begrenzt. Erst im Verlauf der Schulzeit erweitern Kinder kontinuierlich ihr Zahlenverständnis, was sie schließlich dazu befähigt, Raumdimensionen, Mengen und Volumina quantitativ zu erfassen.

Das logische Denken bleibt bis zur Pubertät anschaulich konkret, das heißt, das Kind kann nur mit konkreten Objekten umgehen. Streng formales Denken stellt sich erst in der Pubertät ein. Die meisten Jugendlichen verstehen nun komplexere logische Zusammenhänge und können mit abstrakten Begriffen, etwa in Algebra, umgehen.

Die logisch-mathematischen Kompetenzen sind unter Kindern und Erwachsenen sehr verschieden angelegt. Die Menge an Erfahrungen, die Kinder und auch Erwachsene machen müssen, bis sie einen bestimmten kausalen oder numerischen Zusammenhang wirklich begriffen haben, ist daher von Mensch zu Mensch unterschiedlich groß. So gibt es Kinder, die bereits im Alter von acht Jahren über ein Zahlenverständnis verfügen, das sich bei anderen erst mit 16 Jahren oder überhaupt nicht einstellt. Im Erwachsenenalter gibt es einerseits IT-Nerds, die hochkomplexe Algorithmen programmieren, und andererseits Menschen, deren Zahlenverständnis so begrenzt ist, dass sie beim Einkaufen mit großen Geldscheinen bezahlen, weil sie nicht fähig sind, den geschuldeten Geldbetrag abzuzählen.

Der Mensch hat im Verlauf der kulturellen Evolution das logisch-mathematische Denken auf eine einzigartige Weise weiterentwickelt und dabei die Welt in den letzten 200 Jahren grundlegend verändert. So hat die klassische Mechanik die Industrialisierung ermöglicht, die Relativitätstheorie die Kommunikation über Satelliten und die Quantenphysik neue Formen der IT-Technologie.

Zeitlich-planerische Kompetenzen

Für unsere Vorfahren war wie für die Pflanzen und Tiere der Rhythmus des Lebens durch den Tag-Nacht-Wechsel, die unterschiedliche Dauer von Tag und Nacht sowie die Jahreszeiten vorgegeben. Mit der Industrialisierung im 19. Jahrhundert hat sich die Uhrzeit als Zeitgeber und einem immer regideren Zeitdiktat in immer mehr Bereichen der Gesellschaft, Wirtschaft und des Privatlebens durchgesetzt. Darüber hinaus haben eine Vielzahl von Faktoren wie die Dynamik in der Arbeitswelt und die globale 24-Stunden-Kommunikation zu einer extremen Beschleunigung und Verdichtung in allen Lebensbereichen geführt. Dafür sind unsere beschränkten zeitlichen Kompetenzen eigentlich nicht gemacht.

Der Mensch ist wahrscheinlich das einzige Lebewesen mit einem bewussten, wenn auch sehr subjektiven Zeitempfinden. Es hat je nach Lebenssituation, in der wir uns befinden, eine unterschiedliche Qualität. Zeiträume, die mit zahlreichen und vor allem erfreulichen Ereignissen wie beispielsweise einer Hochzeit gefüllt sind, erscheinen uns kurz. Ereignisarme Zeiträume, etwa Bettruhe während einer Krankheit, hingegen erleben wir als quälend lang. In der Erinnerung ergeht es uns genau umgekehrt. Ereignisreiche Zeitspannen empfinden wir als lang, ereignisarme als kurz. Den momentanen Augenblick erleben wir als Gegenwart, was hinter uns liegt, bezeichnen wir als Vergangenheit und was vor uns liegt als Zukunft. Die Zeit bekommt dadurch eine Richtung und eine Art räumliche Dimension. Das Zeitraster für die Vergangenheit befindet sich im Unbewussten. Es setzt sich aus den Erfahrungen und Tätigkeiten zusammen, die, wenn sie als Erinnerungen ins Bewusstsein rücken, auf einer Zeitachse ihren Platz einnehmen. Dabei wird die zeitliche Einordnung im Verlauf des Lebens immer subjektiver und erratischer, weil zahllose Elemente, die im Unbewussten eingelagert sind, während des Lebens verlorengehen oder umgebaut werden. Wir glauben, in der Gegenwart ständig präsent zu sein, was weit weniger zutrifft, als wir meinen, etwa wenn wir auf einer vertrauten Straße mit dem Auto fahren. Zu Hause angekommen, wissen wir kaum, wem wir alles auf der Straße begegnet sind. Und die Zukunft? Sie besteht aus vagen Vorstellungen, die je nach Vergangenheit und aktueller Lebenssituation unterschiedlich konkrete Inhalte aufweisen. Ein überaus wichtiges Merkmal der Zukunft für unser Wohlbefinden ist die Hoffnung. Sie gibt uns die Kraft, schwierige Lebenssituationen zu überstehen.

Jede Altersperiode geht mit einem eigenen Zeitempfinden einher. Neugeborene und Säuglinge leben in ihren körpereigenen Rhythmen wie Atmung, Herzschlag und Verdauung. Wenn sich nach einigen Wochen ihr Schlaf-Wach-Rhythmus an den Tag-Nacht-Wechsel angepasst hat, bekommen die Wachperioden eine feste zeitliche Ordnung mit Aktivitäten wie Trinken, Essen und Spielen. Säuglinge und Kleinkinder leben weitgehend im Hier und Jetzt, zeitlos eben. Mit zwei bis vier Jahren stellt sich ein erstes Zeitbewusstsein ein, das sich in den folgenden Jahren immer mehr ausweitet: vor und nach der Mahlzeit, vor und nach dem Mittagsschlaf, morgens und abends, gestern – heute – morgen. Bis zum fünften Lebensjahr haben Kinder ihr Verständnis von Vergangenheit, Gegenwart und Zukunft so weit entwickelt, dass sie die unterschiedlichen Zeitformen der Tätigkeitswörter verstehen und anwenden können. Im frühen Schulalter machen sie sich mit den Wochentagen, Monaten und Jahreszeiten vertraut.

Die Uhrzeit ist mit ihrer komplizierten Einteilung in Stunden, Minuten und Sekunden eine echte Herausforderung für die meisten Kinder, setzt doch der Umgang mit Zeiteinheiten, die nicht im Dezimalsystem hierarchisch geordnet sind, ein gut entwickeltes Zahlenverständnis voraus. In der Pubertät sind die Jugendlichen fähig, den Lebensbogen von der Geburt bis zum Tod und größere Zeiträume, etwa im Geschichtsunterricht, zu überblicken.

Das Empfinden und das Verständnis für Zeit sind – sehr zum Leidwesen von Eltern und Lehrern – bei Kindern ganz verschieden ausgeprägt und sind es auch noch bei vielen Erwachsenen. Dabei spielen neben dem Zahlenverständnis auch der Lebensrhythmus und die Umwelt eine große Rolle. So ist das Zeitempfinden ein anderes, wenn ein Kind auf einem Bauernhof oder in der Stadt aufwächst.

Unterschiedlich ausgebildete Zeitkompetenzen wirken sich auf die planerischen Fähigkeiten aus. Je besser wir die chronologische Abfolge von Ereignissen überblicken und den Aufwand für Tätigkeiten zeitlich einschätzen, desto erfolgreicher können wir den Alltag gestalten. Jeder Mensch nutzt und verplant die Zeit auf seine Weise und fühlt sich bei planerischen Aufgaben unterschiedlich kompetent. Diese Vielfalt bringen wir bei Kindern und auch manchen Erwachsenen oft zu wenig Verständnis entgegen.

Motorische Kompetenzen

Viele Tiere verfügen über motorische Kompetenzen, die weit besser ausgebildet sind als bei uns Menschen. So kann ein Gepard mehr als doppelt so schnell laufen wie Usain Bolt, der derzeitige Weltrekordhalter über die 100 Meter

Sprintstrecke. Und die Vögel können etwas, wovon die Menschen seit Urzeiten träumen: fliegen. Was uns Menschen auszeichnet, ist die große Anpassungsfähigkeit unserer Motorik an die Umwelt und die Vielzahl von motorischen Aktivitäten, die wir von klein auf ausüben wie Ski- oder Radfahren und Tanzen. Zusätzlich verfügen wir über hochdifferenzierte feinmotorische Fähigkeiten. Wir basteln, malen und zeichnen, spielen Klavier und kommunizieren mit Gebärden.

Die Mannigfaltigkeit, mit der Menschen ihre Motorik einsetzen, hat im Verlauf der Menschheitsgeschichte erstaunliche Ausmaße angenommen. Der Hauptgrund dafür ist, dass wir fähig sind, die motorischen Kompetenzen mit anderen Kompetenzen zu verknüpfen. So verfügt ein talentierter Tennisspieler wie Roger Federer nicht nur über eine ausgezeichnete Schlagtechnik, eine besonders hohe Beweglichkeit und ein rasches Reaktionsvermögen, sondern auch über weitere sehr gut ausgebildete Kompetenzen. Er vermag die Körpersprache des Gegners präzise zu lesen, die Flugbahn des Balles genau einzuschätzen und sich auf dem Tennisplatz so zu orientieren und zu positionieren, dass er den heranfliegenden Ball möglichst gut retournieren kann.

In den ersten Lebensjahren besteht die Entwicklung der motorischen Kompetenzen hauptsächlich in der Ausbildung von Fähigkeiten wie dem Greifen, der Haltungskontrolle und der Fortbewegung (Largo et al. 1985, Gallahue 1998). In den folgenden Jahren eignet sich das Kind Fertigkeiten wie Fahrradfahren und Schreiben an. Im Verlauf der Pubertät wird die Entwicklung der Motorik abgeschlossen. Fertigkeiten wie Musizieren oder Tennisspielen können aber auch im Erwachsenenalter noch erworben werden, wenn auch mit weit größerem Aufwand und schwächerem Ergebnis als in der Kindheit.

Motorische Fähigkeiten und Fertigkeiten sind bereits in der frühen Kindheit von Kind zu Kind unterschiedlich ausgebildet. So gibt es Kinder, die mit zehn Monaten die ersten Schritte machen, andere erst mit zwanzig Monaten. Beim Erwerb von feinmotorischen Tätigkeiten wie Zeichnen und Malen oder grobmotorischen Aktivitäten wie Fußballspielen und Turnen nehmen die Unterschiede unter den Kindern bis ins Erwachsenenalter immer mehr zu. Die große interindividuelle Vielfalt ist nicht allein durch die verschieden angelegten motorischen Kompetenzen bedingt, sondern immer auch durch andere Kompetenzen und deren Zusammenwirken mit der Motorik.

Wir neigen als Eltern, Erzieherinnen und Lehrer dazu, den Kindern vor allem Fertigkeiten zum Beispiel im Sport beibringen zu wollen. Sich frei zu bewegen ist jedoch ein Grundbedürfnis aller Kinder. Kinder wollen auf Bäume klettern, im Wald hintereinander herjagen und im See oder Freibad herumtoben. Wir müssen unbedingt dafür sorgen, dass sie sich wieder vermehrt frei bewegen und dabei all die Erfahrungen machen können, die für die Entfaltung ihrer motorischen Kompetenzen so wichtig sind.

Körperliche Kompetenzen

In der Tierwelt spielen körperliche Merkmale eine enorm wichtige Rolle. Unter Herdentieren ist der stärkste Stier oder die stärkste Kuh das Leittier. Die Größe des Geweihs und die Lautstärke des Brunstschreies bestimmen bei den Hirschen die Rangordnung. Je prächtiger das Rad ist, das ein Pfauenmännchen schlägt, desto attraktiver ist es für das Weibchen (Morris 1986).

In unserer Gesellschaft wird körperlichen Kompetenzen vordergründig wenig Wertschätzung entgegengebracht. Manche »Äußerlichkeiten« gelten geradezu als moralisch anrüchig. Und doch spielen sie in unserem Leben eine bedeutende Rolle, und das bereits in den ersten Lebenstagen und bis ins hohe Alter hinein. So sprechen Kinderpflegerinnen und Erzieherinnen emotional auf Kinder unterschiedlich an. Werden sie darauf hingewiesen, dass sie ein besonders hübsches Kind häufiger hochnehmen, ist es ihnen peinlich, möchten sie doch alle Kinder gleich behandeln. Auch im Schulalter sind Kinder für Lehrer und Lehrerinnen unterschiedlich attraktiv, was sich wiederum in der Zuwendung und selbst in der Benotung niederschlägt (Dunkake et al. 2012). Körpermaße und Kleidung sagen uns Erwachsenen viel über eine Person und beeinflussen unsere Haltung ihr gegenüber. Es ist uns nicht gleichgültig, ob unser Gesprächspartner einen Kopf größer ist oder ob wir auf ihn herabblicken. Je nachdem wie eine Person angezogen ist, kann sie Sympathie und Bewunderung, aber auch Distanz oder gar Ablehnung bei uns auslösen. Wir setzen unseren Körper und wie wir ihn ausstatten gezielt dafür ein, soziale Aufmerksamkeit zu bekommen, beispielsweise bei einem Bewerbungsgespräch oder einem Date.

Eine Vielzahl von äußeren Merkmalen wie Gesichtszüge und Augenfarbe, Haarfarbe und Frisur, Körpergröße und Körperproportionen, aber auch Kleidung und Accessoires trägt zum Erscheinungsbild eines Menschen bei. Bereits Kleinkinder freuen sich, wenn sie mit ihrem hübschen Röckchen oder ihrem coolen Shirt Aufmerksamkeit erregen. In der Adoleszenz wird der Dresscode zum Statussymbol. In der Art und Weise, wie Jugendliche sich kleiden und Accessoires verwenden, betonen sie die Zugehörigkeit zu ihrer Clique.

Eine wichtige Rolle spielen die körperlichen Kompetenzen in der Erotik und der Sexualität. In der Pubertät bekommt die körperliche Erscheinung durch die Ausbildung der sekundären Geschlechtsmerkmale und geschlechtsspezifischen Körperproportionen ihre große und bleibende soziale Bedeutung. Die erotische Ausstrahlung, das Begehren, als sexuelles Wesen wahrgenommen zu werden und die sexuellen Triebe befriedigen zu können, sind für immer mehr Menschen bis ins höhere Erwachsenenalter von großer Wichtigkeit.

Körperliche Kompetenzen sind für die Menschen ganz unterschiedlich bedeutsam und werden individuell verschieden eingesetzt und gelebt. So gibt es Menschen, die großen Wert auf ihre Kleidung legen, andere wiederum vernachlässigen sich in dieser Hinsicht geradezu. Ebenso unterschiedlich ist der Stellenwert, den Menschen der Erotik und der Sexualität beimessen. Manche bemühen sich sehr um ihre erotische Ausstrahlung und sexuelle Attraktivität, andere kümmern sich kaum darum.

Körperliche Attribute beeinflussen unsere Wertvorstellungen und können zu Vorurteilen führen. Wir verbinden mit der körperlichen Erscheinung Vorstellungen wie Schönheit und Männlichkeit. In Märchen besteht ein starker Bezug zwischen Schönheit und Moral: Eine Prinzessin mit einem guten Charakter muss hübsch sein, eine böse Hexe kann nur hässlich aussehen (Ramsey, Langlois 2002). Kinder und selbst manche Erwachsene halten unattraktive Menschen für weniger intelligent (Griffin, Langlois 2006).

Die wichtigste Aufgabe der körperlichen Kompetenzen ist es, die Menschen füreinander attraktiv zu machen und Kontakte herzustellen. Je besser wir einen Menschen kennenlernen, desto mehr nimmt die Bedeutung der körperlichen Attraktivität ab. Dafür gewinnt die individuelle Ausprägung der anderen Grundbedürfnisse und Kompetenzen, etwa die sozialen und sprachlichen, wie auch die Interessen und Erfahrungen, über die er verfügt, umso mehr an Bedeutung. Da in der anonymen Massengesellschaft vertiefte Beziehungen selten geworden sind, müssen manche Menschen einen riesigen Aufwand bei der Pflege und Ausstattung ihres Äußeren betreiben, um die sehnlich erwünschte Aufmerksamkeit zu bekommen – und sei es auch nur kurzfristig.

Jeder Mensch besitzt ein einzigartiges Kompetenzprofil

Wie die Grundbedürfnisse sind auch die Kompetenzen von Mensch zu Mensch und beim einzelnen Menschen unterschiedlich angelegt. Eltern wundern sich oftmals, wie unterschiedlich sie ihre Kompetenzen an ihre Kinder weitergegeben haben. Die fünfjährige Tochter ist sprachlich für ihr Alter weit fortgeschritten, während ihre figural-räumlichen und motorischen Fähigkeiten noch wenig entwickelt sind. Der achtjährige Sohn glänzt mit seinen musikalischen und motorischen Kompetenzen und seiner körperlichen Attraktivität; er will Tänzer werden. Eltern und Lehrer sehen ihm gerne nach, dass er in seinen logisch-mathematischen Kompetenzen weniger begabt ist. Der Vater verfügt über ausgezeichnete figural-räumliche und soziale Kompetenzen. Die Mutter dagegen ist logisch-mathematisch und musikalisch sehr begabt.

Jedes Kind will seine Kompetenzen entfalten. Es hat einen inneren Drang, seine Fähigkeiten zu entwickeln und sich Fertigkeiten und Wissen anzueignen. Dabei hat jedes Kind sein eigenes Entwicklungstempo und sein eigenes Lernverhalten. Seine Lernmotivation wird dann gestärkt, wenn die Anforderungen, die an das Kind gestellt werden, und sein Lernvermögen und Entwicklungsstand so weit übereinstimmen, dass es in seinen Lernbemühungen zumeist erfolgreich ist. Was leider viele Eltern und Lehrer nicht wahrhaben wollen: »Förderung« und »Üben« über das Lernvermögen eines Kindes hinaus bringen keinen Lernzuwachs, sondern schaden seiner Lernmotivation.

Ein ungelöstes Problem im Schulalltag: Weil die Kompetenzen von Kind zu Kind so unterschiedlich angelegt sind, sitzen in jeder Schulklasse immer einige Kinder, die entweder unter- oder überfordert sind. So können die Lesekompetenz oder das Zahlenverständnis bei einem Kind derart weit oder gering entwickelt sein, dass es sich im Unterricht gelangweilt oder überfordert fühlt. Teilleistungsstärken und -schwächen machen nicht nur Kindern, sondern auch Erwachsenen zu schaffen. Der Anteil von Erwachsenen, die irgendeine Teilleistungsschwäche aufweisen, wird in der Normalbevölkerung auf bis zu 30 Prozent geschätzt. Wie sehr Kinder und Erwachsene an einer Teilleistungsschwäche leiden, hängt von den Anforderungen ab, welche Schule, Gesellschaft und Wirtschaft an sie stellen. So wirkt sich eine Lese- oder Rechenschwäche in einer bäuerlichen Bevölkerung weit weniger nachteilig aus als in einer Dienstleistungsgesellschaft.

Aus der Sicht des Fit-Prinzips hängen unser psychisches und körperliches Wohlbefinden, Selbstwertgefühl und Selbstwirksamkeit in einem hohen Maß davon ab, wie weit es uns gelingt – genauso wie bei der Befriedigung der Grundbedürfnisse –, unsere individuellen Kompetenzen zu entfalten und zu nutzen. In einer Leistungsgesellschaft, deren Wirtschaft zu mehr als 70 Prozent aus Dienstleistung besteht und in der die Vielfalt an Tätigkeiten, insbesondere handwerkliche, stark abgenommen hat, fällt es immer mehr Menschen schwer, eine berufliche Tätigkeit zu finden, die ihren Kompetenzen entspricht. Sie müssen, um ein Auskommen zu haben, fremdbestimmt Leistungen erbringen, die sie nicht befriedigen, und dies unter Umständen ein Leben lang.

Die Entwicklung und die Nutzung unserer Kompetenzen haben uns zu einer unerschöpflichen Kreativität und immensen Produktivität verholfen. Wir haben Erzeugnisse und Wissen aller Art geschaffen, deren Funktionsweisen unsere kognitiven Fähigkeiten weit übersteigen. So benutzen Milliarden von Menschen ein Smartphone, ohne auch nur das geringste Verständnis von all seinen komplexen Funktionen zu haben. Algorithmen breiten sich wie eine Seuche in den sozialen Medien aus und bestimmen in immer mehr Bereichen von Gesellschaft und Wirtschaft das Leben der Menschen. Die künstliche Intelligenz nimmt zunehmend mystische, aber auch apokalyptische Züge an.

Vorstellungen, mit denen wir uns die Welt erklären

»Ich weiß, daß dem Menschen seine Vorstellungen Wirklichkeiten sind.« *Johann Wolfgang von Goethe*

Warum sind wir von unseren Vorstellungen so überzeugt, halten sie gar für Wahrheiten? Weil sie unseren Interessen und Bedürfnissen entsprechen? Weil sie uns in der aktuellen Lebenssituation dienlich sind? Oftmals wohl deshalb, weil sie sich immer wieder bestätigt haben.

Doch was sind überhaupt Vorstellungen? Die Psychologen sprechen von inneren Bildern oder Schemata, die ganz unterschiedliche Inhalte haben können, etwa Erinnerungen voller Emotionen, moralische und religiöse Vorstellungen oder theoretische Konstrukte wie die Formel $E = mc^2$ von Albert Einstein, die die Äquivalenz zwischen Energie und Masse wiedergibt. Wie reichhaltig unser Fundus an Vorstellungen ist, ahnen wir, wenn wir einen Roman lesen, uns einen Film ansehen oder Musik hören. Innere Bilder und Empfindungen steigen auf, von abscheulich bis traumhaft schön. Sie rühren im Unbewussten an längst Vergangenes und Ersehntes, lösen Ängste und Glücksgefühle aus und verhelfen uns zu neuen Einsichten. Welche enormen gestalterischen Kräfte im Unbewussten freigesetzt werden können, zeigt sich im kreativen Schaffen von Künstlern oder Wissenschaftlern. Erkenntnisse sind oftmals nicht das Resultat bewusster, rationaler Schlussfolgerungen, sondern Intuition – ahnendes Begreifen aus dem

Unbewussten. So stellen sich Eingebungen häufig nicht im Labor oder am Schreibtisch ein, sondern – wie ich es selbst schon erlebt habe – auf einem Spaziergang, unter der Dusche oder vor dem Einschlafen.

Der Mensch ist, wie in den beiden letzten Kapiteln bereits geschildert, längst nicht das einzige Lebewesen, das sich Vorstellungen von seiner Umwelt macht. Alle höher entwickelten Tierarten verfügen, wenn auch in sehr unterschiedlicher Ausprägung, über die Fähigkeit zur inneren Repräsentation, ohne die sie sich in ihrer Umgebung nicht zurechtfinden würden. Was uns Menschen aber auszeichnet, ist die Fähigkeit, dass wir uns Vorstellungen bewusst machen und in Worte fassen können. Die Sprache benutzen wir wie eine Angelrute, um Vorstellungen ins Bewusstsein zu holen. Wir angeln uns beispielsweise mit dem Wort »Großmutter« das konkrete Datum ihres 80. Geburtstages und schreiben eine Einladung an die Verwandtschaft, um das Jubiläum gemeinsam zu feiern.

Die meisten Menschen gehen davon aus, dass unser Denken und Handeln durch bewusste Vorstellungen bestimmt wird. Unbewusste Vorstellungen tragen jedoch weit mehr zu unserem Denken, Fühlen und Handeln bei, als wir meinen, beispielsweise als »Bauchgefühl« bei Entscheidungen. Hinzu kommt, dass bewusste Vorstellungen auf das engste mit unbewussten Vorstellungen verknüpft sind und aus ihnen hervorgehen.

Das Unbewusste wird zu Unrecht als eine chaotische Dunkelkammer verstanden. Im Verlauf des Lebens entstehen im Unbewussten riesige Netzwerke von Vorstellungen unterschiedlichster Art, die in hochkomplexen Strukturen wohlgeordnet abgelegt sind. So ruft das Wort Chalkidiki bei mir einen Wust an Erinnerungen an eine wunderbare

Reise hervor, die ich vor 50 Jahren im Norden Griechenlands gemacht habe: dass die Halbinsel damals noch ohne Stromversorgung war, die Mönche auf dem Berg Athos sich als überraschend aufgeschlossen erwiesen oder unser Auto auf den holperigen Straßen ein Rad verlor.

Wir überschätzen massiv die Anzahl an Vorstellungen, die uns bewusst wird, und unterschätzen die riesige Menge an Vorstellungen, die für immer im Unterbewussten verborgen bleibt. So sind uns die meisten Erinnerungen nur sehr eingeschränkt zugänglich. Sie kommen uns in Träumen hoch oder wenn uns auf dem Dachboden der elterlichen Wohnung ein Spielzeug aus der eigenen Kindheit in die Hände fällt. Erinnerungen werden während des Lebens ständig umgebaut und gehen allmählich verloren. Das führt dazu, dass wir uns an Vergangenes bisweilen falsch erinnern.

Eine weitere Eigenheit, die uns von den Tieren unterscheidet, besteht darin, dass Tiere sich mit den Vorstellungen in ihrem Lebensraum zufriedengeben, die sie für ihr Überleben brauchen. Wir Menschen hingegen machen uns nicht nur über unsere unmittelbare Umgebung Gedanken, sondern über die ganze Welt, ja selbst über das Universum und über uns selbst. Wir sind geradezu besessen davon, möglichst alles zu verstehen. Wir geben keine Ruhe, bis wir unsere Vorstellungen so erweitert und ausgestaltet haben, dass sie mit unseren Grundbedürfnissen, Interessen und Erfahrungen möglichst gut übereinstimmen. Passt alles widerspruchslos zusammen, glauben wir sogar, die endgültige Wahrheit entdeckt zu haben.

Das Bedürfnis, zu verstehen und unsere Vorstellungen mit anderen zu teilen, hat wohl entscheidend dazu beigetragen, dass wir Menschen ein hochdifferenziertes Kommunikationsverhalten und eine sehr erfolgreiche Überlebensstrategie entwickelt haben, die beide wiederum die soziokulturelle Evolution immer weiter vorantrieben. Dabei ist nicht nur ein enormer Schatz an Wissen zusammengekommen, es sind daraus auch kollektive Vorstellungen wie Religionen und Ideologien hervorgegangen.

Wie wir zu unseren Vorstellungen kommen

Kinder eignen sich während ihrer Entwicklung eine Vielzahl unterschiedlicher Vorstellungen an. Die ersten Vorstellungen entstehen aus den konkreten Erfahrungen, die sie mit der gegenständlichen Umwelt, beim Spielen und im sozialen Austausch mit den Eltern und Geschwistern machen. Diese Vorstellungen, Gegenstände, Personen, Handlungen, werden ihnen bereits in den ersten Lebensjahren immer mehr bewusst. So kennt ein Kind den Familienhund beim Namen, kann ihn auf ein Blatt Papier zeichnen und schließlich auch seinen Namen schreiben. Das Wunderbare an den menschlichen Vorstellungen ist, dass bereits Kleinkinder sie im Spiel abgelöst von den Erfahrungen, aus denen sie ursprünglich hervorgegangen sind, in immer neuen Zusammenhängen verwenden können.

Das Kind kommt mit einer großen inneren Bereitschaft auf die Welt, Vorstellungen von seinen Vorbildern, vor allem von seinen Eltern, zu übernehmen. Ein Kind, das in einer konservativ-katholischen Familie aufwächst, verinnerlicht dabei eine andere Moral als ein Kind, dessen Eltern einen liberal-agnostischen Lebensstil pflegen. Je älter das Kind wird, desto mehr übernimmt es die in seiner sozialen Umwelt vorherrschenden Vorstellungen zum Beispiel über Gehorsam, Sexualität und Demokra-

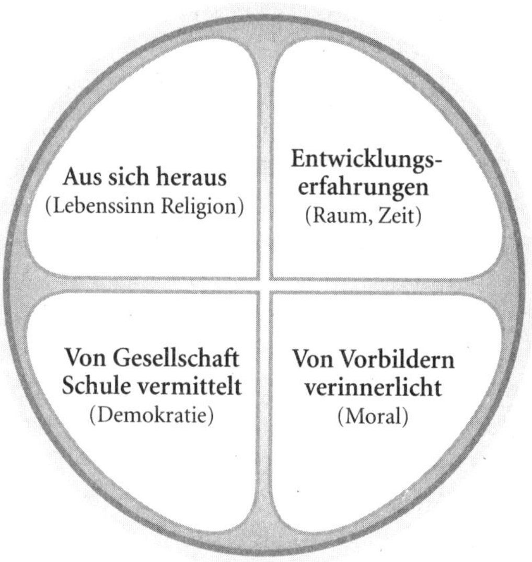

Vorstellungen. Aus Entwicklungserfahrungen entstanden (Raum, Zeit), von Vorbildern verinnerlicht (Moral), von Schule und Gesellschaft vermittelt (Demokratie) und aus sich heraus entwickelt (Lebenssinn, Religion).

tie. Als Erwachsene verinnerlichen und schaffen wir uns immer wieder neue Vorstellungen, etwa spiritueller Art, und lösen uns von alten, wie von uns als lebensfremd erkanntem marxistischem Gedankengut. Die Vorstellungen eines Menschen wandeln sich bis ins hohe Alter und erhalten dabei einen einzigartigen Charakter. Wir sollten nicht erwarten, dass die Menschen in unserem Umfeld, deren Vorstellungen genauso einzigartig sind wie die unsrigen, unsere Vorstellungen vorbehaltlos teilen.

Wir besitzen vor allem auch deshalb unterschiedliche Vorstellungen, weil die Grundbedürfnisse und Kompetenzen bei jedem von uns einzigartig sind. So haben Menschen mit einem großen Bedürfnis nach Geborgenheit andere Vorstellungen von Ehe und Familie als Menschen mit einem geringeren Verlangen nach emotionaler Sicherheit. Je nachdem, wie ausgeprägt ihr eigenes Leistungsbedürfnis ist, haben die Menschen unterschiedliche Vorstellungen davon, welche Anforderungen in der Schule an die Schüler und in der Wirtschaft an die Arbeitnehmer gestellt werden sollten. Für Menschen, die sehr hohe Ansprüche bezüglich ihrer existenziellen Sicherheit haben, sind Reichtum und materielle Sicherheit von weit größerer Bedeutung als für solche, die diesbezüglich nur ein geringes Bedürfnis, aber dafür hohe emotionale und soziale Erwartungen hinsichtlich des gemeinschaftlichen Zusammenlebens haben. Es erstaunt somit nicht, dass auch die politischen Positionen unter den Menschen sehr unterschiedlich ausfallen. Schließlich vertreten sie ganz verschiedene Vorstellungen von Kunst, je nachdem, wie groß ihr eigenes Bedürfnis nach Selbstentfaltung ist und wie ihre gestalterischen Fähigkeiten, etwa die musikalischen, ausgebildet sind. Wir sind also nicht so frei in unseren Vorstellungen, wie wir es uns wünschen würden. Unsere Vorstellungen sind geprägt durch unsere Erfahrungen und dienen einem Zweck, häufig dem, unsere Grundbedürfnisse zu befriedigen.

Wir können nicht anders, als eine Erklärung für das Leben zu finden. Die Menschen aller Kulturen suchen seit jeher nach dem Lebenssinn. Kinder beginnen mit drei Jahren Warum-Fragen zu stellen, wie warum die Herdplatte nicht berührt werden darf, und sie hören damit auch nicht auf. Nach dem Sinn des Lebens fragen sie erstmals, wenn sie in die Pubertät kommen. Nicht wenige Jugendliche geraten in eine Sinnkrise: Was will ich in meinem Leben erreichen? Welche Aufgaben stellt mir das Leben? Für was lohnt es sich, sich einzusetzen? Und auch danach stellt sich uns die Sinnfrage immer wieder aufs Neue, spätestens dann, wenn wir in eine schwierige Lebenssituation geraten.

Religionsführer und Philosophen zerbrechen sich seit Jahrtausenden den Kopf darüber, was den Lebenssinn ausmacht. Allein im deutschen Sprachraum bieten uns Tausende Bücher Ratschläge an, wie wir ein sinnvolles Leben führen können. Dafür gibt es offensichtlich keine allgemeingültige Antwort oder gar Lösung. *Den einen* Sinn gibt es nicht. Aus der Sicht des Fit-Prinzips macht sich jeder Mensch, einzigartig, wie er ist, seine eigenen Vorstellungen darüber, was für ihn den Sinn des Lebens ausmacht. So ist das Bedürfnis nach Esoterik und Spiritualität von Mensch zu Mensch unterschiedlich groß. Und es gibt auch keine für alle Menschen einzig »richtige« Religion.

Oft fühlen wir uns mit unseren Vorstellungen ziemlich allein und unverstanden. Es gibt aber jene seltenen Augenblicke, in denen wir uns von einem anderen Menschen zutiefst verstanden fühlen. Solche Begegnungen sind so wunderbar, weil sich dabei nicht nur eine Übereinstimmung in den Gedanken, sondern auch das Gefühl einer Wesensverwandtschaft einstellt.

Kollektive Vorstellungen

> »Die mächtigsten aller Drogen sind kollektive Vorstellungen.« *Joseph Rudyard Kipling*

Kollektive Vorstellungen sind je nach Kultur unterschiedlich ausgestaltet und werden auch unterschiedlich gelebt. Es gibt aber eine kollektive Vorstellung, die in allen

Kulturen vorkommt und in ihren Inhalten weitestgehend übereinstimmt: die Religion. Was macht sie so wirkungsmächtig? Weshalb überdauert sie Jahrhunderte, selbst Jahrtausende?

Religionen haben immer einen engen Bezug zu der Welt, in der die Menschen leben, zum Lebensbogen, den sie durchschreiten, und zum Jenseits, in dem das Leben der Menschen in irgendeiner Weise eine Fortsetzung finden soll. Religionen sind so mächtig, weil ihre Vorstellungen in einem engen Bezug zu den Grundbedürfnissen der Menschen stehen:

- »Die Angst vor dem Tod ist die Mutter aller Religionen.« Eine der größten existenziellen Ängste des Menschen besteht in der Gewissheit, einmal sterben zu müssen. Die Religionen erfüllen das Leben der Gläubigen mit Spiritualität, vermitteln Vorstellungen über das Diesseits und das Jenseits und mildern so die Furcht vor dem Tod.
- Seitdem die Menschen über eine Zeitvorstellung und ein Bewusstsein der eigenen Existenz verfügen, suchen sie nach einer Erklärung, warum es sie gibt, wie die Welt entstanden ist und wer sie erschaffen hat. Dafür haben die Religionen großartige Mythen wie die Schöpfungsgeschichte in der Genesis des Alten Testaments geschaffen.
- Die Menschen waren zu allen Zeiten großem Leid und Bedrohungen aller Art wie Naturkatastrophen und Krankheiten ausgesetzt. Irgendwann begannen sie nach den Ursachen von Glück und Unglück zu fragen. Warum gibt es keinen Regen und verdorrt die Ernte? Warum brechen Seuchen wie die Pest aus, bringen Siech-

tum und Tod über uns Menschen? Und wer ist für all diese Übel verantwortlich? Die Religionen helfen den Menschen, mit Bedrohungen und Leid umzugehen, indem sie beispielsweise die Götter mit Gebeten und Opfergaben um Hilfe bitten. Stößt die moderne Medizin an ihre Grenzen, finden auch heute noch viele kranke Menschen Hoffnung und Trost in spirituellem Gedankengut und suchen Geist- oder Naturheiler auf.

- Der Mensch ist ein ausgesprochen soziales Wesen. Die Religionen sind für die Gläubigen ein Hort von Geborgenheit und Fürsorglichkeit. Gemeinsames Beten, Singen und Tanzen vereinen die Gläubigen emotional und sozial. Die wichtigen Ereignisse im Leben der Menschen werden in Ritualen gefeiert, erlitten und betrauert; freudige Anlässe wie eine Hochzeit oder die Geburt eines Kindes genauso wie das Durchstehen einer Krankheit oder der Tod eines Angehörigen.
- Die Menschen brauchen für ihr Zusammenleben Regeln und Wertvorstellungen. Religionen waren und sind in manchen Kulturen auch heute noch, beispielsweise im Islam und im Hinduismus, die überragenden moralischen Instanzen. Sie sind deshalb so mächtig, weil sie das Leben im Hier und Jetzt mit dem Sein im Jenseits verbinden. So muss im christlichen Glauben für sündiges Verhalten im Jenseits Buße getan werden.
- Das Urvertrauen des Kindes wird zum Gottvertrauen des Erwachsenen. Einer meiner Patienten, der in großer seelischer Not war, hat es folgendermaßen auf den Punkt gebracht: Es ist tröstlich zu wissen, dass es über allem jemanden gibt, der einen liebt.

Die Religion ist das eindrücklichste Beispiel dafür, dass unsere Vorstellungen in hohem Maß durch unsere Grundbedürfnisse und deren Befriedigung bestimmt werden.

Überaus mächtige, wenn auch im Vergleich mit Religionen weitaus weniger dauerhafte kollektive Vorstellungen sind Ideologien, die in der neueren Geschichte immer wieder zu Massenbewegungen und autokratisch regierten Gesellschaften geführt haben. Welche zerstörerische Macht Ideologien innewohnt, zeigt sich in dem immensen Leid, das Faschismus und Kommunismus über die Menschen gebracht, und in den verheerenden Zerstörungen, die sie im 20. Jahrhundert weltweit angerichtet haben. Die eigene Bevölkerung und zahlreiche weitere Völker wurden einem Gesinnungsterror unterworfen. Millionen von Menschen wurden manipuliert und zum Töten angestiftet. Weitere Millionen wurden ausgegrenzt und umgebracht. Heute terrorisieren fundamentalistische Gruppen mit pseudoreligiösen Vorstellungen die Menschen in den Ländern des Nahen Ostens und zunehmend auch in anderen Weltregionen.

Die Attraktivität und die treibenden Kräfte von Ideologien bestehen nur vordergründig in ihren theoretischen oder, wie im extremen Islam, religiösen Konstrukten. Aus der Sicht des Fit-Prinzips beruht ihre Macht in dem impliziten Versprechen, die Grundbedürfnisse der Menschen zu befriedigen. Die Menschen hoffen, Armut, Hunger und Arbeitslosigkeit zu entfliehen. Sie sehnen sich nach sozialer Gerechtigkeit, einem besseren Bildungs- und Gesundheitswesen. Je größer ihre Not, desto eher sind sie bereit, sich einer Ideologie zu unterwerfen. Populisten missbrauchen dieses unbändige Verlangen der Menschen, ihre Grundbedürfnisse befriedigt zu bekommen, aber auch ihre Autoritätsgläubigkeit, um an die Macht zu gelangen, ihre Herrschaft und Privilegien zu festigen und notfalls mit Gewalt aufrechtzuerhalten. Erst wenn die Menschen den Glauben daran verlieren, dass solche Regime ihnen zu einem besseren Leben verhelfen werden, sind sie nicht mehr bereit, Gesinnungsterror zu ertragen und Ungerechtigkeiten zu akzeptieren.

Daraus können wir etwas überaus Bedeutsames lernen. Wenn es Gesellschaft, Staat und Wirtschaft gelingt, dafür zu sorgen, dass die Menschen ihre Grundbedürfnisse ausreichend befriedigen können, wird es keiner Ideologie der Welt mehr möglich sein, sie zu verführen. Eine Form kollektiver Vorstellungen, die sich während der Corona-Pandemie rasend schnell ausgebreitet hat, sind Verschwörungstheorien. Die Chinesen versus Amerikaner, Bill Gates versus George Soros … Die Menschen geben keine Ruhe, bis sie eine Erklärung und bestenfalls auch einen Schuldigen für die Pandemie gefunden haben.

Individualität in der Gemeinschaft leben

»Entwickle dich zu dem einmaligen, unverwechselbaren, unaustauschbaren Menschen, der in dir angelegt ist.«

Pindar, 518–442 v. Chr.

Das Menschenbild, das dem Fit-Prinzip zugrunde liegt, ist einfach und komplex zugleich. Es besteht lediglich aus drei Komponenten. Komplex wird es durch deren vielfältige Ausprägung unter den Menschen. Jedes Grundbedürfnis und jede Kompetenz ist bei jedem Menschen unterschiedlich angelegt, und die Vorstellungen sind es auch. Weil wir alle einzigartig sind, gibt es keinen gemeinsamen Königsweg, der uns aufzeigen könnte, wie wir leben sollen. Jeder von uns geht seinen eigenen Weg und macht dabei Erfahrungen, die seine Individualität zusätzlich mitbestimmen. Je besser wir uns selbst kennenlernen und akzeptieren, desto verständnisvoller und toleranter können wir mit uns selbst, aber auch mit unseren Mitmenschen und der Umwelt umgehen. Black live matters! Jeder Mensch ist nicht nur bezüglich Hautfarbe, sondern in seiner gesamten einzigartigen Ausgestaltung gleichwertig.

»Soweit wir die Geschichte der Menschheit verfolgen können, ist niemals die Spur eines einzelnen Lebenden zu finden. Immer hat es das Gesetz der Allgemeinheit gegeben«, befand Alfred Adler. Unsere Vorfahren haben über 300 000 Jahre hinweg in Familienverbänden und Lebensgemeinschaften gelebt. Wir sind für unser psychisches und körperliches Wohlbefinden in einem hohen Maß auf ein Zusammenleben mit vertrauten Mitmenschen angewie-

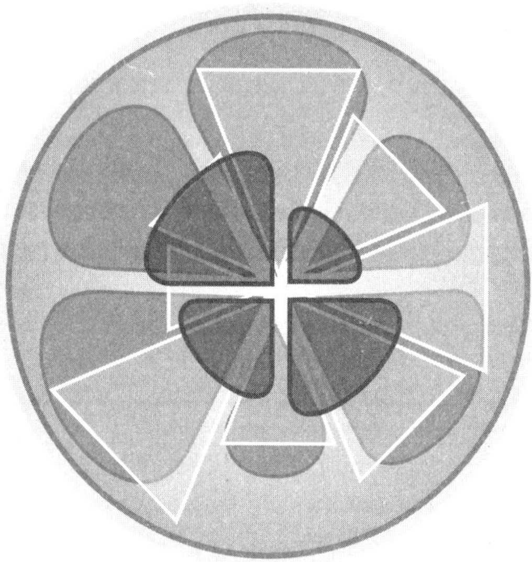

Jeder Mensch ist in der Ausgestaltung seiner Grundbedürfnisse, Kompetenzen und Vorstellungen einzigartig und gleichwertig.

sen. Die Corona-Pandemie hat eindrücklich aufgezeigt, wie sehr wir der Gemeinschaft bedürfen. Der Mensch ist aus evolutionärer Sicht – wie Alfred Adler richtig anmerkte – für ein Leben in der Gemeinschaft und nicht in einer Massengesellschaft geschaffen.

Individualität leben und einer Gemeinschaft angehören ist trotz vieler entgegengesetzter Behauptungen kein Widerspruch. Im Gegenteil, die Gemeinschaft vertrauter Menschen ist der einzige Ort, an dem wir wir selbst sein dürfen, uns geborgen und angenommen fühlen, unsere Grundbedürfnisse befriedigen können und mit unseren Stärken und Schwächen akzeptiert werden.

Teil II Was wir aus der Umwelt gemacht haben und was die Umwelt mit uns macht

Wie die soziokulturelle Evolution zum Erfolg, Selbst- und Irrläufer wurde

Sisyphos wälzte seit Urzeiten einen Felsblock den Berg hinauf, der immer wieder zurück ins Tal rollte. Eines Tages gelang es ihm, den Felsblock auf den Gipfel zu hieven. Seitdem rollt der Felsblock auf der anderen Seite dem Abgrund entgegen und Sisyphos rennt hinterher.

Vor 12 000 Jahren begannen unsere Vorfahren, sesshaft zu werden und sich allmählich der Erde zu bemächtigen. Seitdem ist die Anzahl ihrer Errungenschaften wie Erkenntnisse, Tätigkeiten und Erzeugnisse anfänglich kontinuierlich, dann exponentiell angewachsen. In jeder Epoche waren die Fortschritte um ein Vielfaches größer als in der vorangegangenen. So war in den 10 000 Jahren vor unserer Zeitrechnung die Anzahl der kulturellen Erzeugnisse um ein Vielfaches größer als in den 300 000 Jahren zuvor. In den ersten 1800 Jahren nach Christus nahmen die kulturellen Erzeugnisse im Vergleich mit den vorhergehenden 10 000 Jahren erneut um ein Vielfaches zu. Im 19. und 20. Jahrhundert schließlich hat der Mensch innerhalb von lediglich 200 Jahren ein Millionenfaches mehr an Erkenntnissen und Erzeugnissen aller Art hervorgebracht als in den gesamten 300 000 Jahren, seit der moderne Mensch existiert. Die Dominanz des Menschen auf dem Planeten Erde ist so groß geworden, dass die Wissenschaftler von einem neuen Erdzeitalter, dem Anthropozän, sprechen (Möllers et al. 2015). Wir sind zu einem der wichtigsten

Einflussfaktoren für die biologischen, geologischen und klimatischen Verhältnisse auf der Erde geworden. Damit stehen wir in einem umfassenden Sinne in der Verantwortung für den Planeten Erde. Es geht dabei nicht nur um die drohende Klimakatastrophe, den Raubbau an den Ressourcen und die Zerstörung der Natur, sondern auch um die tiefgreifenden sozialen Veränderungen, die das Zusammenleben der Menschen massiv beeinträchtigen. Und schließlich auch um eine Wirtschaft, die in ihrer derzeitigen Form keine Zukunft mehr hat. Ein grundsätzliches Umdenken ist notwendig. Dafür müssen wir verstehen, wie die soziokulturelle Evolution verlaufen ist und auf welche Weise wir Menschen dazu beigetragen haben.

Unsere Spezies, den Homo sapiens, gibt es seit 300 000 Jahren. Unsere Gene und unser Gehirn haben sich in dieser aus evolutionärer Sicht sehr kurzen Zeitspanne nicht nennenswert verändert. Unsere frühesten Vorfahren verfügten bereits über die gleichen geistigen, sozialen und motorischen Fähigkeiten wie wir. Leserin und Leser werden sich nun fragen: Wenn unsere Vorfahren genauso begabt waren wie wir heute, weshalb haben sie nicht schon vor 100 000 Jahren Auto, Flugzeug und Smartphone erfunden?

Soziokulturelle Evolution

Die Grundbedürfnisse, Kompetenzen und Vorstellungen, wie sie in Teil I beschrieben sind, wurden erst dann zu den treibenden Kräften der soziokulturellen Evolution, als eine Reihe von Umweltfaktoren deren Umsetzung befördert haben. Dazu gehören verbesserte Lebensbedingungen, die Nutzung von Ressourcen und das Tradieren von Fertigkeiten und Wissen, die zu einer ständigen Fortentwicklung von wissenschaftlichen, technologischen und wirtschaftlichen wie auch sozialen und kulturellen Errungenschaften geführt haben. Den Begriff soziokulturelle Evolution sollten wir nicht als Fortschritt in einem ausschließlich positiven Sinn verstehen, sondern vielmehr als einen Prozess mit einem ungewissen Ausgang. Er beinhaltet sehr positive Elemente wie ein hochentwickeltes Bildungswesen oder die Verdoppelung der Lebenserwartung. Er geht aber auch mit globalen Bedrohungen wie nuklearer Verseuchung oder Klimakatastrophe, Ausrottung von Pflanzen und Tieren und einer emotionalen Verarmung und sozialen Vereinsamung der Menschen einher. Doch wie hat sich die soziokulturelle Evolution abgespielt?

Besitz und Handel. Als unsere Vorfahren vor 12 000 Jahren in Mesopotamien und wahrscheinlich auch in anderen Gegenden der Erde sesshaft wurden, begann sich ihre Lebensweise zu verändern. Sie jagten und sammelten weiterhin, säten und bauten aber auch Getreide, Obst und Gemüse an. Sie domestizierten Tiere wie Bienen, Hunde und Rinder. Überschüsse konnten langfristig als Vorräte gehortet werden, und Besitz wie Haus und Acker bekamen einen existenzsichernden Stellenwert. Die Menschen waren erstmals nicht mehr ausschließlich damit beschäftigt, tagein, tagaus für ihren Lebensunterhalt zu sorgen und sich gegen die Unbill der Witterung und alle möglichen anderen Gefahren zu schützen. Die Entwicklung hin zu einer zunehmenden Arbeitsteilung, beispielsweise handwerklichen Tätigkeiten wie dem Töpfern oder der Herstellung von Waffen, nahmen ihren Anfang. Bodenschätze, etwa Mineralien wie Salze und Edelsteine und Metalle wie Kupfer und Eisen, wurden geschürft und verarbeitet. Mit der

Überproduktion von Gütern weitete sich der Tauschhandel von Nahrungsmitteln, Töpfereien, Waffen und Luxusgütern wie Bernsteinketten in den folgenden Jahrtausenden auf allen Erdteilen aus. Die freie Marktwirtschaft von Angebot und Nachfrage nahm ihren Anfang. Wertvolle Objekte wie Perlen und Edelsteine dienten als Tausch- und Zahlungsmittel. Münzen wurden zwischen 500 und 300 v. Chr. im antiken Griechenland, im Römischen Reich und auch in China eingeführt. Im 14. Jahrhundert gewann die Kapitalwirtschaft immer mehr an Bedeutung. Es entstanden Banken mit Kreditwesen und Zinsgewinn, Börsen wurden eingerichtet. Heute stehen wir kurz davor, virtuelle Währungen wie Bitcoins einzuführen. Und der Handel von Gütern und Kapital hat globale Ausmaße angenommen.

Schrift. Je größere Dimensionen Besitz und Warenaustausch bekamen, desto dringlicher wurde es, Mengen und Stückzahlen zu erfassen und festzuhalten. Zu diesem Zweck erfanden die Sumerer in Mesopotamien 3500 Jahre v. Chr. ein Zahlensystem und die erste Schrift, die sogenannte Keilschrift. Im 1. Jahrtausend v. Chr. wurde die Keilschrift allmählich von der phönizischen, griechischen und schließlich lateinischen Lautschrift abgelöst. Die Weiterentwicklung der Schrift schuf auch die Voraussetzungen, um Gesetze und Verordnungen, die das Zusammenleben in wachsenden Gemeinschaften regelten, schriftlich festzuhalten. Die Schrift erleichterte zudem das Bewahren und Tradieren von Sitte, Geschichte und religiösen Vorstellungen und ersetzte nach und nach die mündliche Überlieferung. Die älteste schriftlich überlieferte Dichtung, das »Gilgamesch-Epos«, stammt aus der Blütezeit Babylons und ist etwa 3500 Jahre alt. Die Schrift wurde anfänglich aus ökonomischen Notwendigkeiten geschaffen, erst allmählich begann sie eine kulturelle Bedeutung zu erlangen, etwa um Gesetze und Erzählungen festzuhalten.

1451 erfand Johannes Gutenberg den Buchdruck. Schriften wie deutsche Bibeltexte verbreiteten sich von da an nicht mehr nur unter Gelehrten, sondern auch in der Bevölkerung. Die Lesekompetenz nahm in den folgenden 300 Jahren immer mehr zu. Im 19. Jahrhundert schließlich wurden Druckerzeugnisse durch die allgemeine Schulpflicht und die maschinell betriebenen Druckereien einer breiten Bevölkerung zugänglich gemacht. In den letzten Jahrzehnten haben die digitalen Medien zu einer exponentiellen Verbreitung von Bild, Film und Text geführt.

Zahlen. Das Zahlensystem der Sumerer wurde im Verlauf der Jahrhunderte immer mehr ausgebaut und fand eine weite Verbreitung. In der römischen Antike wurde es von den römischen Zahlen abgelöst, die bis ins Frühmittelalter überall in Europa verwendet wurden. Der Ersatz dieses sperrigen kategorialen Zahlensystems durch ein arabisches, das ursprünglich aus Indien stammte, verhalf der Mathematik zu einem zukunftsweisenden Durchbruch. Bestehend aus einem Kontinuum von Zehnereinheiten und einem Zahlenwert »Null«, erleichterte es den Umgang mit Zahlen, was die Arithmetik wesentlich vereinfachte und die Entwicklung neuer mathematischer Methoden wie die Infinitesimalrechnung durch Isaac Newton und Gottfried Wilhelm Leibniz ermöglichte.

Blaise Pascal (1623–1662) erfand im Alter von 19 Jahren die erste mechanische Rechenmaschine. Er erleichterte damit seinem Vater die Arbeit als königlicher Kommissar und oberster Steuereintreiber. Es dauerte weitere mehr als 300 Jahre, bis die Erfindung des Computers eine Revolution im Umgang mit Zahlen und logisch-mathematischen

Fragestellungen herbeiführte. Die heutigen Computer erbringen Rechenleistungen, die in unvorstellbarem Ausmaß über unser kognitives Leistungsvermögen hinausgehen und dabei längst noch nicht an ihren Kapazitätsgrenzen angekommen sind.

Wissenschaftliche Erkenntnisse. Bereits vor Christi Geburt kamen die Gelehrten zu wichtigen Einsichten, die aber in den folgenden 1500 Jahren weitgehend wieder verlorengingen. So wies Eratosthenes von Kyrene im 3. Jahrhundert v. Chr. experimentell nach, dass die Erde nicht die Form einer Scheibe, sondern einer Kugel hat. Die griechischen Astronomen Aristarchos von Samos und Seleukos von Seleukia beschrieben zur gleichen Zeit ein heliozentrisches Weltbild. Nach dem Niedergang des Römischen Reiches im 5. Jahrhundert versank Europa 1000 Jahre lang in einer Art Dämmerzustand; eine Zeit, die als das dunkle Mittelalter in die Geschichte einging. Dann aber erwachten Kunst, Philosophie, Wissenschaft und Technik. Man besann sich auf das Kulturgut der Antike, und ein reger Austausch mit anderen Hochkulturen wie dem Byzantinischen und später dem Osmanischen Reich setzte ein.

Galileo Galilei (1564–1641), einer der großen Universalgelehrten der Spätrenaissance, begründete mit der Verbindung von Experimenten, exakten Messungen und mathematischen Analysen die Arbeitsweise, die die Naturwissenschaften zukünftig auszeichnete. Dafür erfand er unter anderem eine hydrostatische Waage zur Bestimmung des spezifischen Gewichts und das Thermometer. Seine größte Entdeckung jedoch machte er mit einem Instrument, das der niederländische Brillenschleifer Hans Lipperhey 1608 erfunden hatte, dem Fernrohr. Galilei richtete es in den Sternenhimmel und erkannte: Die Sonne kreist nicht um die Erde, sondern die Erde um die Sonne. Er verteidigte öffentlich das von Nikolaus Kopernikus und Johannes Kepler wiederentdeckte heliozentrische Weltbild, das ihm eine Verurteilung durch die katholische Kirche eintrug, die erst 1992 widerrufen wurde. Galileo Galileis Erkenntnisse stehen für eine Form wissenschaftlichen Denkens, das sich von den Dogmen und dem Naturverständnis der katholischen Kirche immer mehr emanzipierte. Die Verwendung des Fernrohrs ist beispielhaft dafür, wie eine technologische Innovation den wissenschaftlichen Fortschritt befeuern kann.

Industrielle Revolution. Isaac Newton erfand nicht nur die Infinitesimalrechnung. Er war auch der Begründer der klassischen Mechanik. Er erkannte die Gesetzmäßigkeiten, die die räumlichen und zeitlichen Beziehungen zwischen physikalischen Objekten auszeichnen, wie die Schwerkraft, Geschwindigkeit und Beschleunigung sowie den Energiezustand bewegter Körper. Es dauerte noch einmal fast 100 Jahre, bis die Erkenntnisse der klassischen Mechanik praktisch umgesetzt werden konnten und die industrielle Revolution in Gang setzten. So erfand Thomas Newcomen 1712 die Dampfmaschine. Von da an ersetzten Dampf- und Wasserkraft betriebene Maschinen mehr und mehr die körperliche Arbeit, beispielsweise im Bergbau und in der Textilindustrie. Am Anfang des 20. Jahrhunderts wurde die industrielle Produktion auf elektrische Energie umgestellt. Die Massenanfertigung von Produkten aller Art nahm immer mehr zu. Seit den 1980er-Jahren wurden einfache, dann aber immer komplexere Arbeitsabläufe etwa in der Automobilindustrie automatisiert und zunehmend von Robotern ausgeführt.

In der Mitte des 19. Jahrhunderts erkannte man in Politik und Wirtschaft, dass der wissenschaftliche, technologische und wirtschaftliche Fortschritt eine Anhebung des Bildungsstandes in der Arbeiterschaft und damit in der ganzen Bevölkerung erforderlich machte. So wurde in allen europäischen Staaten im Verlauf des 19. Jahrhunderts die allgemeine Schulpflicht eingeführt. Es waren einmal mehr die Bedürfnisse der Wirtschaft und weit weniger die Durchsetzung eines Grundrechts, die die Bildung allen Menschen zugänglich machten.

Energie. Während mehr als einer Million Jahre war das Feuer die einzige verfügbare Energiequelle für unsere Vorfahren. Pflanzliche Stoffe, vor allem Holz, wurden verbrannt, um Pflanzen zu kochen und Fleisch zu braten, was die Speisen verdaulicher machte. Das Feuer diente zudem als Lichtquelle, Wärmespender und Schutz vor wilden Tieren. Und es wurde für das Brennen von Ton zu Keramik und zum Einschmelzen von Metall verwendet.

Die Technologien des Industriezeitalters benötigten weitaus potentere Energiequellen, die mit Kohle, Gas und Erdöl erschlossen wurden. Die Entdeckung der Elektrizität und deren Erzeugung durch Wasserkraft brachte einen weiteren entscheidenden Durchbruch in der Energieversorgung. Elektrischer Strom ist permanent verfügbar und kann sehr kostengünstig über beliebig große Distanzen transportiert werden. Im 20. Jahrhundert schließlich führte der rasant wachsende Bedarf an elektrischer Energie zur Nutzung von Atomkraft und schließlich – aus ökologischen Gründen begrüßenswert – von Sonnen- und Windenergie.

Naturwissenschaften und Medizin. Die Heilkunde war von der Antike bis in die Renaissance beherrscht von der Lehre über die »Säfte« und »Temperamente«. Als man sich im 16. Jahrhundert für die Körperorgane und deren Funktionsweise, etwa von Herz und Kreislauf, zu interessieren begann, erschloss sich nach und nach ein anatomisches und physiologisches Verständnis für den menschlichen Körper. Größere Fortschritte machte die Medizin erst im 19. Jahrhundert durch naturwissenschaftliche Erkenntnisse und moderne Technologien. So gelang es Mikrobiologen wie Louis Pasteur mit Hilfe hochauflösender Mikroskope Bakterien als Erreger von Krankheiten wie Cholera, Pest und Tuberkulose zu identifizieren. Biochemiker untersuchten mit revolutionären chemischen Methoden den Stoffwechsel und stießen auf Botenstoffe wie das Insulin und Enzyme wie die Laktase. Wilhelm Conrad Röntgen entdeckte die Röntgenstrahlen; bereits nach wenigen Jahren ermöglichten Röntgenapparate den Ärzten überraschend neue Einblicke in den menschlichen Körper. Eine schnell wachsende Pharmaindustrie entwickelte auf der Grundlage naturwissenschaftlicher Erkenntnisse Impfstoffe, Antibiotika und unzählige weitere Arzneimittel. In den vergangenen vierzig Jahren gewann die Molekulargenetik in der Medizin immer mehr an Bedeutung, so bei der Diagnose von Erbkrankheiten und der Behandlung von Krebspatienten. Gezielte Manipulationen des Erbgutes, beispielsweise mit der CRISPR-Technologie, eröffnen völlig neue therapeutische Möglichkeiten, stellen aber die Gesellschaft auch vor große ethische Herausforderungen.

Mobilität und Transport. Ein auf eine Achse montiertes Rad wurde vor 7000 Jahren von den Menschen in der Indusregion als Töpferscheibe eingesetzt. Die ersten Wagenräder kamen in Europa und in Vorderasien vor 6000 Jahren zur Anwendung. Seitdem waren Wagen, von Menschen und Tieren wie Kühen und Pferden gezogen, während

Tausenden von Jahren die vorherrschenden Transportmittel. In den letzten 200 Jahren erreichte die Mobilität bezüglich Geschwindigkeit und Reichweite durch die Erfindung von neuartigen Antriebssystemen und die Verwendung immer potenterer Energiequellen völlig neue Dimensionen: dampf-, dann elektrisch betriebene Lokomotiven, Schiffe und Züge, Autos mit Verbrennungsmotoren und schließlich Flugzeuge und Raketen. Vor 200 Jahren fuhren die Menschen noch in Kutschen durch die Gegend, vor 60 Jahren flogen sie zum Mond, und derzeit denken von einem Machbarkeitswahn getriebene Wissenschaftler und Politiker ernsthaft daran, Mond und Mars nicht nur zu besuchen, sondern auch zu besiedeln.

Kommunikations- und Informationstechnologie. Die Entdeckung der Elektrizität schuf auch die Voraussetzungen für völlig neue Kommunikationssysteme wie Fernmelder und Telefon, Radio und Fernsehen. Mit der Digitalisierung schließlich gelang es in den letzten Jahrzehnten, analoge Größen in diskrete Werte zu überführen, elektronisch zu speichern, zu verarbeiten und zu verbreiten. Geschätzte 98 Prozent der weltweit verwendeten Informationen liegen heute in digitaler Form vor. Die digitale Revolution beschleunigt und verbilligt die Produktion von Gütern mit Robotern aller Art und führt laufend zu neuen Formen der Dienstleistungen wie dem Onlineshopping. Sie verschafft den Menschen auf der ganzen Welt den Zugang zur virtuellen Welt des Internets und zu neuen Kommunikationsquellen und -plattformen. So werden in den sozialen Medien wie Instagram jeden Tag bis zu einer Milliarde Bilder heruntergeladen. Die Künstliche Intelligenz, zum Beispiel in Form potenter Algorithmen, durchdringt Gesellschaft und Wirtschaft immer mehr und erzeugt große Ängste, was etwa die Manipulation der Konsumenten durch die Wirtschaft und die Überwachung der Bürger durch den Staat angeht.

Die Grundbedürfnisse als Treiber der soziokulturellen Evolution

Die soziokulturelle Evolution und insbesondere der Fortschritt der Neuzeit beruhen im Wesentlichen auf drei Komponenten. Die erste Komponente besteht in einer immer größeren Nutzung von energetischen und materiellen Ressourcen wie Atomkraft als Energiequelle und Kobalt als essentiellem Werkstoff für die IT-Industrie. Die zweite Komponente beruht auf einem synergistischen Zusammenwirken von drei Bereichen, die zu einer immensen Beschleunigung und Eigendynamik des Fortschritts geführt haben: Wissenschaftliche Erkenntnisse (klassische Mechanik) lösen technologische Errungenschaften (Dampfmaschinen) aus, die zu wirtschaftlichen Erzeugnissen (Kleiderproduktion) und ständig anwachsendem Kapital führen, die wiederum neue Erkenntnisse ermöglichen. Der sogenannte Wagenhebereffekt liegt auch der freien Marktwirtschaft zugrunde: Angebot und Nachfrage, Wachstum und Zunahme des Kapitals.

Die dritte Komponente sind unsere Grundbedürfnisse. Sie sind die eigentlichen Treiber der soziokulturellen Evolution, insbesondere Selbstentfaltung und Kreativität sowie das Streben nach Leistung und existenzieller Sicherheit, materieller und sozialer Macht. Wir wollen die Welt immer besser verstehen und Neues schaffen. Wir wollen wissen, was in den ersten Millisekunden des Big Bang vor 13,8 Milliarden Jahren geschehen ist, und bauen dafür riesige Teleskope, um die sogenannte Hintergrundstrahlung im Weltall zu messen. Vor allem aber wollen wir die Welt beherrschen, um ein möglichst gutes Leben führen zu können. Woher kommt dieser zwanghafte Drang?

Unsere Vorfahren mussten 300 000 Jahre lang die Erfahrung machen: Die Umwelt ist mächtiger als wir. Und so wuchs das Bedürfnis, die Umwelt besser zu verstehen, um sich immer besser gegen sie zu behaupten. Innerhalb von lediglich 200 Jahren haben wir es tatsächlich geschafft: Wir beherrschen die Umwelt. Nicht aber uns selbst! Das haben wir nie gelernt, mussten wir ja auch nicht – mit fatalen Folgen. So ist die soziokulturelle Evolution immer mehr zu einem Selbstläufer geworden und droht in manchen Bereichen zu einem Irrläufer zu werden. Und wir rennen dem Fortschritt hinterher, so wie der moderne Sisyphos dem Felsblock.

Wir alle befeuern – angetrieben von unseren Grundbedürfnissen – diese Entwicklung immer weiter. Der CEO eines Konzerns strebt nach finanzieller und wirtschaftlicher Macht, sozialer Anerkennung und einer möglichst hohen gesellschaftlichen Stellung. Seine Angestellten arbeiten, um ihren Lebensunterhalt zu bestreiten. Sie streben aber auch nach größerem materiellen Wohlstand und wollen ihren Kindern eine möglichst gute Bildung ermöglichen. Die Bauern in Brasilien und in Malaysia, die mit ihren Familien in großer Armut leben und Hunger leiden, brennen den Urwald ab, um Soja- oder Palmölplantagen anzulegen. Sie wollen in Zukunft ihre Grundbedürfnisse genauso gut befriedigen können wie die Menschen in Europa. Und wir als Konsumenten helfen bei der Zerstörung des Urwalds mit, indem wir ihre Produkte zu Dumpingpreisen kaufen und sie daran hindern, sich aus Armut und Elend zu befreien.

»Das Menschenbild entscheidet über den Fortbestand der Art.« Alfred Selacher hat Recht. Unsere Grundbedürfnisse, Kompetenzen und Vorstellungen haben die soziokulturelle Evolution möglich gemacht. Und drohen nun, den wunderbaren Planeten Erde auch zu zerstören.

Wie wir heute leben

> »Materieller Wohlstand ist für die menschliche Gesellschaft genauso gefährlich wie materielle Not.«
>
> *Edward Bond*

In den vergangenen 70 000 Jahren haben wir es geschafft, auf allen Kontinenten – mit Ausnahme der Antarktis – heimisch zu werden. Unsere Vorfahren haben sich an die unterschiedlichsten Umweltbedingungen angepasst, im afrikanischen Dschungel genauso wie in den Steppen Sibiriens und auf den Inseln im Pazifik. Wir Menschen sind überaus, aber dennoch nicht beliebig anpassungsfähige Wesen. Wir können unter extremen äußeren Bedingungen überleben, etwa in einem Unterseeboot im Marianengraben, am tiefsten Punkt der Erde in 11 000 Meter Tiefe, oder auf der Internationalen Raumstation im Weltraum, 400 Kilometer außerhalb der Atmosphäre. Was wir aber nicht können, ist, allein zu leben oder in einer anonymen Massengesellschaft. Wir sind – ein Erbe unserer frühen Menschheitsgeschichte – für unser psychisches und körperliches Wohlbefinden auf ein Zusammenleben mit vertrauten Mitmenschen angewiesen. Unsere Vorfahren haben über 300 000 Jahre hinweg in Familienverbänden und Lebensgemeinschaften gelebt. Das Zusammenleben mit vertrauten Menschen hat unsere Grundbedürfnisse, Kompetenzen und Vorstellungen entscheidend geprägt.

Nun leben wir aber nicht mehr im natürlichen sozialen Habitat des Homo sapiens. Wir haben einen weltumspannenden gesellschaftlichen und wirtschaftlichen Lebensraum geschaffen, dessen soziale, kulturelle und ökonomische Komplexität wir immer weniger durchschauen, der uns zunehmend überfordert und in dem wir vereinsamen.

Die Lebensbedingungen sind heute in vielerlei Hinsicht besser als je zuvor. Dennoch gelingt es immer mehr Menschen immer weniger, auch wenn sie sich noch so sehr bemühen, in Übereinstimmung mit der Umwelt zu leben. Woran es liegen mag, wollen wir herausfinden, indem wir uns fragen, wie gut wir unsere Grundbedürfnisse befriedigen können.

Körperliche Integrität

Menschen, die in hochentwickelten Ländern leben, sind nicht nur gut ernährt, sie sind auch so gesund wie nie zuvor. Dazu beigetragen haben enorme Fortschritte in der Ernährung, bei der Wohnqualität, insbesondere was die Hygiene betrifft, aber auch in der Medizin, etwa bei der Bekämpfung von Infektionskrankheiten mit Impfungen und Antibiotika. Heute werden die Menschen doppelt so alt wie vor 200 Jahren. Und doch leben wir nicht in einem Gesundheitsparadies. Der Fortschritt stellt uns vor völlig neue Herausforderungen, die mit einer stark veränderten Lebensweise einhergehen.

Überernährung und ihre Folgen

Unsere Vorfahren litten immer wieder und oft über längere Zeitperioden hinweg an Unterernährung und Hunger. Nahrungsmittel im Überfluss gab es in der Vergangenheit nur ausnahmsweise und dann nur für kurze Zeit. Unsere Vorfahren haben sich – so sie denn konnten – in guten

Zeiten Speck angegessen, um schlechte Zeiten besser zu überstehen. Übergewicht war ein Überlebensvorteil, der sich heute jedoch ins Gegenteil verkehrt hat. Inzwischen sind immer mehr Menschen übergewichtig und erkranken an Diabetes und Herz-Kreislauf-Krankheiten. Dafür, dass manche Menschen zu viel Nahrung zu sich nehmen, gibt es eine evolutionäre Erklärung. Unser Hungergefühl war in der Vergangenheit immer überlebenswichtig. Es ist weit stärker entwickelt als unser Sättigungsgefühl. Letzteres war für das Überleben nie von Belang. So müssen heute viele Menschen, da Nahrung in beliebiger Menge zur Verfügung steht, sich beim Essen bewusst zurückhalten, was ihnen begreiflicherweise schwerfällt. Immer mehr Menschen beschäftigen sich heute geradezu besessen mit ihrer Ernährung. Davon zeugen die unzähligen Ratgeber, die Auskunft über Diäten, die körperliche Gesundheit im Allgemeinen, physische Fitness und zunehmend auch eine ökologisch verantwortungsvolle Ernährung geben.

Weitere körperliche Beschwerden sind dazugekommen, die ebenfalls epidemische Ausmaße angenommen haben. So machen Hautausschläge, Migräneanfälle und Darmbeschwerden immer mehr Menschen zu schaffen. Dafür sind eine Reihe von Ursachen gefunden worden wie Lactoseintoleranz, Glutenunverträglichkeit, Nahrungsmittelallergien oder die übermäßige Ausschüttung von Histamin, etwa beim Genuss von Avocados. Manche dieser Beschwerden scheinen ebenfalls durch die veränderten Ernährungsgewohnheiten bedingt zu sein. Wir geben uns längst nicht mehr mit dem lokalen und saisonalen Angebot an Nahrungsmitteln zufrieden. Die Geschäfte bieten uns eine kaum mehr überblickbare Palette an Nahrungsmitteln aus der ganzen Welt an. Die Regale quellen zu jeder Jahreszeit mit Nahrungsmitteln wie Kiwis aus Neuseeland, Mangos aus Nigeria oder Rindersteak aus Südamerika über. Das riesige Angebot hat unseren Speisezettel enorm bereichert, scheint aber auch nachteilige Auswirkungen auf unser körperliches Wohlbefinden und selbst die Gesundheit zu haben.

Unseren Vorfahren stand nur eine kleine, oftmals zu kleine Zahl von pflanzlichen und tierischen Nahrungsmitteln zur Verfügung, was immer wieder zu Mangelerscheinungen wie Skorbut führte. Unsere Ernährungssituation heute ist das Gegenteil, mit ebenfalls nachteiligen Folgen. Wir überfordern wahrscheinlich mit dem Verzehr von unterschiedlichsten Nahrungsmitteln und ständig wechselnden Ernährungsweisen unseren Darm und vor allem das Biotop der etwa 100 Billionen Bakterien, die für eine geordnete Verdauung unverzichtbar sind. Gesund wäre also nicht eine beliebig vielfältige, sondern eine ausgewogene, beständige und vollwertige Nahrung.

Ein weiteres Problem stellt eine übermäßige Hygiene dar. Die Hygiene leistete einen großen Beitrag für unsere Gesundheit, hat sie doch die Gefahr von Infektionskrankheiten wie Cholera weitgehend zum Verschwinden gebracht. Doch eine wirklich gesunde Umgebung ist nicht eine möglichst saubere oder gar sterile. So nehmen Allergien aller Art immer mehr zu. Studien der letzten Jahre zeigen, dass Landkinder weniger an Allergien, etwa gegen Hausmilben oder Pollen, leiden als Stadtkinder. Warum? Auf dem Bauernhof leben die Kinder noch in einer einigermaßen natürlichen Umgebung. Sie sind im Gegensatz zu den Stadtkindern früh und ständig Allergenen aller Art ausgesetzt und immunisieren sich dagegen.

Ein trauriges Kapitel ist der Niedergang der Esskultur.

In der Vergangenheit waren Mahlzeiten ein soziales Geschehen, und in vielen Kulturen sind sie es auch heute noch. Das Zubereiten von Nahrung und deren Verzehr fanden in der Gemeinschaft statt. In unserer Gesellschaft dient die Nahrungsaufnahme vielen Menschen nur noch dazu, Hunger und Durst zu stillen und leistungsfähig zu bleiben. Im Büro verschlingen sie am Mittag zwischen zwei Arbeitsgängen einen Hamburger und trinken Coca-Cola dazu. Abends wärmen sie eine tiefgefrorene Pizza in der Mikrowelle auf und verzehren sie vor dem Fernseher. Es hat eine zunehmende Verarmung unserer Esskultur stattgefunden, die sich auch nachteilig auf unser Beziehungs- und Kommunikationsverhalten auswirkt.

Sexuelle Befreiung und soziale Verarmung

Sich verlieben und kennenlernen, lustvolle Erfahrungen machen, dabei das Risiko einer Schwangerschaft eingehen, sich mit Zukunftsperspektiven wie Eltern werden und eine Familie gründen beschäftigen. In der Vergangenheit war Sexualität fest in das Beziehungsverhalten der Menschen, ihre Emotionen und Wertvorstellungen und ihr kulturelles und gemeinschaftliches Leben eingebunden. Heute ist Sexualität immer mehr zu einer Privatsache geworden, was viele Menschen als Befreiung empfinden.

Mit der Entdeckung der Antibabypille in den 1960er-Jahren hat eine Entkoppelung zwischen Sexualität und Fortpflanzung stattgefunden. Erstmals in der Menschheitsgeschichte wird eine Frau nicht mehr schicksalhaft schwanger. Sie kann selbst bestimmen, ob und wann sie Kinder bekommen will. Die Emanzipation der Frau in Bildung und Gesellschaft hat ebenfalls wesentlich dazu beigetragen, dass die Sexualität und das Rollenverständnis der Geschlechter sich positiv verändert haben. So werden Themen wie »die eigene Sexualität entdecken« oder »der bewusste Verzicht auf Kinder«, bis vor wenigen Jahren noch völlig tabuisiert, in den Medien von den Frauen breit diskutiert.

Eine weitere erfreuliche Seite der Befreiung der Sexualität ist LGBTQIA+. Die Abkürzung steht für lesbische, schwule, bisexuelle, transsexuelle, transgender, queere, intersexuelle und asexuelle Menschen. Innerhalb weniger Jahrzehnte ist das Verständnis für die sexuelle Orientierung und Geschlechtsidentität der Menschen sowie die körperlichen Geschlechtsvariationen sehr viel größer geworden. Heutzutage kann die Sexualität individuell und in neuen Formen des partnerschaftlichen Zusammenlebens gelebt werden.

Die veränderte Einstellung zur Sexualität und der Umgang mit ihr erleben manche Menschen jedoch nicht nur als Befreiung, sondern auch als emotionale und soziale Verarmung. Sexuelles Verlangen ist ein wichtiger Antrieb, um eine Beziehung einzugehen, um sich um einen Partner zu bemühen. Wie sehr haben sich das soziale Verhalten, der Umgang miteinander und vor allem die Emotionen verändert, seit der Geschlechtsverkehr nicht mehr wie früher mit emotionalen, sozialen und gesellschaftlichen Faktoren und dem Risiko, schwanger zu werden, aufgeladen ist? Geht es in Anbetracht des beliebig groß gewordenen Angebots an Lustbefriedigung und der Flut von Pornographie in den Medien nur noch um Lusterfahrung und Triebabfuhr? Wo bleibt die Liebe? Eine nostalgische Frage? Wenn ich mir beispielsweise Leo Tolstois Roman »Anna Karenina« oder David Leans Film »Ryans Tochter« in Erinnerung rufe, kann ich mich des Eindrucks nicht erwehren, dass im realen Alltag eine Entzauberung der Sexualität stattgefunden hat und die unbefriedigten Sehnsüchte in den Medien und sozialen Portalen (auf eine sterile Weise) ausgelebt werden.

Schlaflose Nächte und ein Leben im Stress

Viele Menschen, die in Städten leben, haben die Venus, den Mars und selbst die Milchstraße noch nie gesehen. Wir führen seit vielen Jahren eine heftige Diskussion über die Luftverschmutzung, etwa über Mikropartikel wie Feinstaub. Weit weniger im Fokus steht die Lichtverschmutzung, die uns nicht nur die Sicht auf den Sternenhimmel vernebelt. Die künstliche Beleuchtung macht uns mehr zu schaffen, als wir annehmen, und vielen anderen Lebewesen auch. So gehen in Deutschland jede Nacht schätzungsweise eine Milliarde Insekten zugrunde, weil sie von der Straßenbeleuchtung angezogen und vernichtet werden.

Der Tag-Nacht-Wechsel bestimmt seit mehr als 400 Millionen Jahren bei allen Lebewesen die circadianen Rhythmen. Diese regulieren beim Menschen biochemische Prozesse in den Zellen oder physiologische Vorgänge wie den Herzschlag und die Urinausscheidung. Die circadianen Rhythmen bestimmen auch den Schlaf-Wach-Rhythmus und die Ausschüttung von Hormonen (Winfree 1988). Künstliches Licht wie Raumbeleuchtung, Fernseher, PC, Tablet und Smartphone sowie fehlendes Sonnenlicht tagsüber können die circadianen Rhythmen so sehr beeinträchtigen, dass die Menschen an depressiven Verstimmungen und Leistungsabfall leiden.

»Wer schläft, dem fehlt es an Ehrgeiz.« Schlaf wird in Japan als Zeitverschwendung angesehen. Der chronische

Schlafmangel verursacht in der Volkswirtschaft Milliardenschäden, bedingt durch Erschöpfung und Arbeitsausfall, aber auch durch Unfälle im Verkehr und in der Industrie (»Eine Nation im Wachkoma«, *Der Spiegel* 2015). So ist das Unfallrisiko beim Autofahren bei Übermüdung etwa gleich hoch wie bei einem Alkoholspiegel von einem Promille. Schlafdefizite sind auch in unserer Gesellschaft zu einem großen Problem geworden. Schlafexperten empfehlen Power Naps, Kurzschlaf am Tag, zum Wiederauftanken der Batterien. Sinnvoller wäre allerdings, wenn jeder Mensch so viel schlafen würde, dass er sich am nächsten Morgen wohl und leistungsfähig fühlt. Für den Schlafbedarf gibt es keine allgemeingültige Regel. Der individuelle Schlafbedarf variiert unter Erwachsenen zwischen vier und neun Stunden (Iglowstein et al. 2003).

Während 300 000 Jahren orientieren sich unsere Vorfahren an Zeitvorstellungen, die von der Natur und den herrschenden kulturellen und sozialen Gegebenheiten vorgegeben waren. Heute sind wir bei der Arbeit und im Privatleben durch die Uhr als Taktgeber und eine Vielzahl von zeitlichen Vorgaben in Gesellschaft und Wirtschaft und eine permanente Kommunikationsflut hochgradig fremdbestimmt.

Immer mehr Menschen bereitet es große Mühe, nach der Arbeit den Kopf noch freizubekommen. Immer mehr Unternehmen erwarten, dass ihre Mitarbeiter ständig erreichbar sind, und preisen das Homeoffice an. So sitzen die Eltern in den Abendstunden und selbst an den Wochenenden vor dem PC, erledigen Arbeiten, die sie in den Bürozeiten nicht mehr geschafft haben, und beantworten Mails, während ihr Kind Spielsachen heranschleppt und hofft, dass Mutter oder Vater endlich mit ihm spielen.

Für viele Menschen ist es immer schwieriger geworden, eine verträgliche Work-Life-Balance (bemerkenswerterweise steht die Arbeit in diesem Begriff an erster Stelle) zwischen den vielfältigen zeitlichen Anforderungen, die tagtäglich an sie gestellt werden, sowie ihren individuell getakteten circadianen Rhythmen und ihrem Bedürfnis nach Erholung zu finden. Der Stress, der damit verbunden ist, wird immer häufiger zu einem Gesundheitsrisiko. Ein bis zu einem gewissen Grad von der Uhrzeit unabhängiges, selbstbestimmtes Leben führen zu dürfen ist für viele Menschen zu einem fernen Wunschtraum geworden.

Geborgenheit und Zuwendung

> Der schwerreiche Zeitungsmagnat Charles Foster Kane stirbt, völlig vereinsamt und zutiefst unglücklich, in seinem luxuriösen Schloss Xanadu. »Rosebud« ist sein letztes Wort, bevor er stirbt. Rosebud war der Name seines Holzschlittens, das Symbol einer behüteten Kindheit.
>
> *»Citizen Kane«, Orson Welles*

Das Verlangen nach Geborgenheit und Zuwendung ist so elementar wie dasjenige, Hunger und Durst zu stillen. Menschen, denen es an Geborgenheit und Zuwendung mangelt, sind in ihrem psychischen und körperlichen Wohlbefinden beeinträchtigt. Sie sind häufig in ihrer Beziehungsfähigkeit geschwächt und nicht mehr in der Lage, die Leistung zu erbringen, zu der sie eigentlich fähig wären. In der heutigen Gesellschaft können immer mehr Menschen jeden Alters ihr Bedürfnis nach Geborgenheit und Zuwendung nicht mehr ausreichend befriedigen. Ihnen fehlt der gemeinschaftliche Zusammenhalt.

Menschen fühlen sich dann geborgen und angenommen, wenn ihnen ihre Mitmenschen ein Gefühl von sozialer und emotionaler Sicherheit geben, sie in ihren Eigenheiten, Stärken und Schwächen akzeptieren und sie darin unterstützen, ihre Bedürfnisse befriedigen zu können. Dieses Gefühl können nur vertraute, nicht aber fremde Menschen vermitteln.

Frauen leben weltweit sechs bis acht Jahre länger als Männer. Eine Ausnahme sind die Menschen auf Sardinien. Hier werden die Männer genauso alt wie die Frauen. Die kanadische Psychologin Susan Pinker (2015) wollte den Grund dafür herausfinden und führte auf Sardinien eine Studie durch. Sie kam zu den folgenden Ergebnissen: 25 Prozent trug die Genetik zur Lebensdauer bei. Längst bekannte Faktoren wie Bluthochdruck und Übergewicht, Alkohol und Rauchen verkürzten die Lebensdauer. Den größten Beitrag leisteten jedoch emotionale und soziale Faktoren: lebenslange tragfähige und fürsorgliche Beziehungen, körperliche Nähe, reger kommunikativer Austausch und intensive Zuwendung. Die Männer auf Sardinien leben in größerer emotionaler und sozialer Sicherheit. Pinkers Studie zeigt exemplarisch auf: Wir sind für ein Leben mit vertrauten Menschen gemacht, wollen eingebunden in einer Lebensgemeinschaft leben.

In allen Ländern, in denen der gesellschaftliche, technologische und wirtschaftliche Fortschritt Einzug gehalten hat, haben die Familien und Lebensgemeinschaften innerhalb von wenigen Generationen immer mehr abgenommen. Aus Großfamilien mit zahlreichen Kindern und Verwandten sind Kleinfamilien mit ein oder zwei Kindern und nur noch lockeren verwandtschaftlichen Beziehungen entstanden. Viele Kinder wachsen in unterschiedlichsten

Beziehungskonstellationen wie Kleinfamilie, Patchworkfamilie oder alleinerziehende Eltern auf. Zur Fragmentierung des Zusammenlebens haben neben der hohen Trennungs- und Scheidungsrate eine Vielzahl weiterer Faktoren beigetragen wie räumliche Trennung von Familienleben und Arbeitsplatz, rasant zunehmende Mobilität und vor allem die Diversifizierung von Gesellschaft und Wirtschaft.

Emotionale Verarmung und soziale Vereinsamung

> »Um ein Kind großzuziehen, braucht man ein ganzes Dorf.« *Afrikanisches Sprichwort*

Damit sich ein Kind gut entwickeln kann, muss es sich geborgen und angenommen fühlen. Geborgenheit haben ihm zu allen Zeiten nicht nur die Eltern vermittelt, sondern immer auch weitere Bezugspersonen, die seine Bedürfnisse befriedigt und ihm als Vorbilder gedient haben. Dafür kommt ein Menschenkind mit der Bereitschaft auf die Welt, sich nicht nur an die Eltern zu binden, sondern grundsätzlich an jede Person, die ihm ausreichend vertraut, verfügbar und verlässlich ist und die seine individuellen Bedürfnisse befriedigen und auf seine individuellen Verhaltenseigenheiten angemessen eingehen kann. Es sind hohe Anforderungen, die Bezugspersonen wie Erzieherinnen, Tagesmütter und Lehrer erfüllen müssen, damit sich die Kinder wohlfühlen und sich gut entwickeln können.

Immer weniger Eltern können – insbesondere, wenn beide berufstätig sind – die Betreuung ihres Kindes allein gewährleisten. Sie sind auf eine familienergänzende Betreuung durch eine Kita oder einen Hort angewiesen.

Sie erwarten, dass die Erzieherinnen die obengenannten Kriterien für eine kindgerechte Betreuung erfüllen und für eine gute körperliche und psychische Entwicklung ihres Kindes sorgen. Diese Erwartungen können leider aus unterschiedlichsten Gründen wie dem Mangel an gut ausgebildeten Erzieherinnen und ungenügenden finanziellen Mitteln längst nicht alle Kinderbetreuungsstätten erfüllen.

Auch in der Schule wollen sich die Kinder – weit mehr, als manche Lehrer erwarten – geborgen fühlen (Largo 2009, 2012). Sie erwarten, dass sie unabhängig von den Leistungen, die sie erbringen, von ihren Lehrern und Lehrerinnen angenommen werden. Nicht nur mit den Stärken, sondern auch mit den Schwächen akzeptiert zu werden ist eine Grundvoraussetzung dafür, dass die Lernmotivation der Kinder erhalten bleibt. Diesem Bedürfnis der Kinder trägt unser sehr leistungsorientiertes Bildungswesen kaum Rechnung. Es setzt auf Didaktik, Methodik und Fachwissen des Lehrpersonals und weit weniger auf dessen Beziehungsfähigkeit. In einer riesigen Metastudie haben der neuseeländische Erziehungswissenschaftler John Hattie und seine Mitarbeiter (2009, 2012) den Lernerfolg von 250 Millionen Schülern untersucht. Sie analysierten dafür die Bedeutung von 138 Faktoren. Eine vertrauensvolle Lehrer-Schüler-Beziehung stellte sich als einer der wichtigsten, wenn nicht der wichtigste Faktor für den Lernerfolg heraus.

Ohne ein Mindestmaß an Geborgenheit fühlen sich auch die meisten Erwachsenen auf Dauer einsam und gestresst. Sie sehnen sich – wenn auch weniger als Kinder – danach, unabhängig von ihren Stärken und Schwächen angenommen zu werden. Wenn sie eine partnerschaftliche

Beziehung eingehen, erhoffen sie sich, dass sich nach einer Phase großer Verliebtheit ein Gefühl von bedingungslosem Angenommensein einstellt, das ihnen soziale und emotionale Sicherheit vermittelt. Oftmals sind die Erwartungen jedoch so hoch, dass vom Partner nicht nur das Bedürfnis nach Geborgenheit, sondern möglichst alle anderen Grundbedürfnisse ebenfalls befriedigt werden sollen, was die Beziehung überfordert. Ein wesentliches Element für eine dauerhafte und tragfähige Beziehung ist ihre Einbindung in eine Lebensgemeinschaft. Partnerschaft, Ehe und Familie waren nie ein sich selbst genügendes soziales Eiland, sondern immer in eine Lebensgemeinschaft eingebettet.

Im Alter sind die Menschen vermehrt auf Geborgenheit und Zuwendung angewiesen (Baltes 2001). Alte Menschen möchten in einem Kreis vertrauter Menschen unterschiedlichen Alters leben, mit denen sie sich austauschen und eine gute Zeit verbringen können. Immer mehr alte Menschen fühlen sich jedoch einsam und sozial ausgegrenzt. So leben sie zu zweit oder allein in einer kleinen Wohnung und irgendwann in einem Alters- oder Pflegeheim.

In manchen Heimen fehlt den Pflegenden die Zeit, um sich ausreichend um die alten Menschen zu kümmern und ihnen ein Gefühl von Geborgenheit und Wertschätzung zu geben. Schlimmer noch, es kommt wegen Stress immer wieder zu physischer und psychischer Gewalt. Das Pflegepersonal in vielen Institutionen ist schlecht bezahlt und leidet unter einer hohen Arbeitsbelastung, oft Überforderung. Die Betreuung von alten Menschen ist zu einer riesigen sozialen und finanziellen Herausforderung geworden, die sich in den kommenden Jahren noch verschärfen wird. Aus der Sicht des Fit-Prinzips braucht es tiefgreifende Veränderungen im Zusammenleben, damit sich betagte Menschen aufgehoben fühlen und ein sinnerfülltes Leben in einer Gemeinschaft vertrauter Menschen führen dürfen (siehe Teil III).

Heimatlos

Wie in Teil I ausgeführt, hat das Grundbedürfnis nach Geborgenheit und Zugehörigkeit als Wir-Gefühl auch eine starke kollektive Dimension. Immer mehr Menschen fühlen sich in der heutigen Gesellschaft heimatlos. Der emotionale, kulturelle und soziale Zusammenhalt ging aus vielerlei Gründen weitgehend verloren. Um lediglich einige anzuführen: Abwanderung vom Land in die Städte und hochgradige Mobilität, anonyme Siedlungen und Wohnbauten, fehlende Mitbestimmung in Politik und Wirtschaft, Globalisierung der Kultur durch weltweite Kommunikation und soziale Netzwerke. Damit einher ging der Verlust von regionalen Bräuchen und Sitten, Dialekten und sogar Sprachen und eines eigenen Geschichtsbewusstseins. Globalisierung und gesellschaftliche Umwälzungen würden, beklagte Neil Postman bereits in den 1980er-Jahren, zu einer Sinnentleerung der Kultur führen. 40 Jahre später ist es so weit. Ein kollektives Bewusstsein für eine gemeinsame Vergangenheit ist weitgehend verlorengegangen, die Zukunft ohne Perspektive. Es herrscht postmoderne Beliebigkeit mit einer Vielzahl von Konsumangeboten, Lebensentwürfen und alternativen Lebensformen. Der Kultur fehlt heute, was sie im Grunde ausmacht: Sinnstiftung, Solidarisierung durch gemeinsame Erfahrungen und das Teilen von Wertvorstellungen. Sich als Welt(en)bürger zu fühlen verschafft für sich allein genommen noch keine Identität. Echte Kultur hat etwas Begrenztes und Kleinräumiges, das nur in einem ständigen Austausch von Emotionen und Erfahrungen mit vertrauten Menschen entstehen kann.

»Heimat« ist in den letzten Jahren in den Medien zu einem heiß diskutierten Thema geworden – mit jüngst ganz konkreten, bedrohlichen gesellschaftspolitischen Auswirkungen wie Fremdenfeindlichkeit und Rechtspopulismus. Je größer der Identitätsverlust wird und die Menschen sich emotional und sozial verunsichert fühlen, desto stärker werden sie durch fremde Menschen verunsichert und lehnen sie ab. Die kulturelle Identität von Flüchtlingen und Migranten, die oft nicht nur sehr anders, sondern auch sehr ausgeprägt sein kann, wird als Bedrohung empfunden, weil die Menschen sich ihrer eigenen sozialen Zugehörigkeit nicht mehr sicher fühlen.

Wir haben innerhalb von 100 Jahren gesellschaftliche Strukturen geschaffen, die den sozialen und emotionalen Bedürfnissen der Kinder, Erwachsenen und alten Menschen nicht mehr entsprechen. Was wir alle am Schmerzlichsten vermissen, ist ein Leben in einer Gemeinschaft vertrauter Menschen.

Soziale Anerkennung und soziale Stellung

Im Verlauf der Menschheitsgeschichte haben die Menschen nicht nur ein ausgeprägtes Bedürfnis nach Geborgenheit und Zuwendung entwickelt, sondern auch nach sozialer Anerkennung und Stellung. Ersteres entstand aus dem Verlangen nach emotionaler Sicherheit, Letzteres aus dem Bestreben, mit ihren unterschiedlich ausgeprägten Grundbedürfnissen, Kompetenzen und Vorstellungen von der Gemeinschaft wahrgenommen und akzeptiert zu werden. Genauso wie das Grundbedürfnis nach Geborgenheit kann auch dasjenige nach sozialer Anerkennung und Stellung nur im Zusammenleben mit vertrauten Menschen entstehen und befriedigt werden. Die Rückbildung der Familie und das Verschwinden von Lebensgemeinschaften haben dazu geführt, dass die Menschen immer weniger die notwendige soziale Anerkennung bekommen und eine feste soziale Stellung in einer Gemeinschaft einnehmen können.

Zu wenig wahrgenommen und zu wenig wertgeschätzt
Es gibt immer mehr Kinder, die buchstäblich nach Aufmerksamkeit und Anerkennung hungern. Anerkennung bekommen Kinder in den ersten Lebensjahren vor allem von ihren Eltern. Wie viel Anerkennung sie erhalten, hängt von den Erfahrungen ab, die sie mit ihren Eltern machen können. Die gemeinsam verbrachte Zeit hat in vielen Familien, vor allem wenn beide Eltern berufstätig sind, immer stärker abgenommen. Je älter die Kinder werden, desto mehr verlangen sie auch nach Anerkennung von weiteren Bezugspersonen. Solche Bezugspersonen fehlen ihnen oft, weil die Beziehungen zu Verwandten immer unverbindlicher geworden und verlässliche Beziehungen zu Menschen in der Nachbarschaft kaum noch möglich sind. Tagesmütter und Erzieherinnen in der Kita werden dafür für die Kinder als Bezugspersonen umso wichtiger. Flüchtiges Lob, das ein Kind im Vorbeigehen von einer Erzieherin erhält, kann es nicht zufriedenstellen. Soziale Anerkennung ist nur dann glaubwürdig, wenn sie von einer Person kommt, die dem Kind ausreichend vertraut ist. Tragfähige Beziehungen sind in Institutionen oftmals nicht ausreichend gewährleistet, weil die Erzieherinnen zu

viele Kinder betreuen müssen, in kleinen Teilzeitpensen arbeiten oder häufig ihre Anstellung wechseln.

Die Anerkennung, die Schüler von ihren Lehrern und Lehrinnen erhalten, trägt wesentlich zu ihrem Wohlbefinden und ihrer Lernbereitschaft bei. Wie reagiert der Lehrer auf meine schulischen Leistungen im Vergleich mit den anderen Kindern? Erlebt das Kind gute Noten als persönliche Wertschätzung, oder fühlt es sich durch schlechte Noten gemaßregelt oder gar abgelehnt? Wie Anerkennung und Kritik bei den Schülern ankommen, hängt davon ab, wie tragfähig die Beziehungen zwischen ihnen und den Lehrern sind. Ein Schüler, der sich von der Lehrerin als Person angenommen fühlt, kann sich an ihrem Lob erfreuen und mit ihrer Kritik gut umgehen. Leider haben von der Kita bis zur Universität vertrauensvolle Beziehungen zwischen Schülern oder Studenten und ihren Erziehern und Lehrern oftmals nicht den Stellenwert, der eine kind- und jugendgerechte Pädagogik auszeichnet.

Massiv unterschätzt wird von vielen Eltern und Fachleuten, wie wichtig für ein Kind die soziale Anerkennung ist, die es von anderen Kindern erhält, und die soziale Stellung, die es in einer Gruppe einnimmt. Beides bringt das Kind dazu, soziale Regeln zu verinnerlichen, konfliktfähig zu werden und sich zu integrieren. Das Streben nach sozialer Anerkennung und sozialer Stellung trägt also nicht nur zu seinem Wohlbefinden und seinem Selbstwertgefühl bei, sondern auch zur Entwicklung der sozialen Kompetenzen.

In unserer Gesellschaft können die meisten Kinder aus vielerlei Gründen nicht mehr ausreichend Erfahrungen mit anderen Kindern machen. In den Kleinfamilien gibt es oft nur ein oder überhaupt keine Geschwister. Freiräume, in denen Nachbarskinder selbstbestimmt miteinander spielen können, sind in modernen Wohnsiedlungen selten vorgesehen. So sind gut geführte Kitas für viele Kleinkinder der einzige Ort, an dem sie die ersehnte Anerkennung erhalten, lernen, sich um eine ihnen entsprechende Stellung in der Gruppe zu bemühen, und soziale Erfahrungen machen. Im Schulalter wird das Bedürfnis nach Anerkennung und einer gesicherten Stellung unter den Gleichaltrigen immer wichtiger. Kinder, die gemobbt und ausgegrenzt werden, können in ihrem Wohlbefinden derart beeinträchtigt sein, dass ihre schulischen Leistungen darunter leiden, sie schlimmstenfalls sogar die Schule verweigern.

Die Freizeit ist für viele Kinder durch Nachhilfestunden, Aktivitäten wie Ballett- und Judounterricht so verplant, dass sie kaum mehr selbstbestimmt miteinander spielen können. In der Pubertät, wenn die soziale Anerkennung von Gleichaltrigen besonders wichtig wird, fehlen den meisten Jugendlichen die Freiräume und vor allem auch die Zeit, um in der Clique unbeschwerte Stunden zu verbringen. Viele stehen unter einem extremen Leistungsdruck, der von den Eltern und der Schule auf sie ausgeübt wird. So bleiben oftmals nur oberflächliche Kontakte in den sozialen Medien, die dauerhafte gemeinsame Erfahrungen nie ersetzen können (Largo, Czernin 2011).

Auch die Erwachsenen können ihr Bedürfnis nach sozialer Anerkennung und sozialer Stellung aus den verschiedensten Gründen immer weniger befriedigen. Partnerschaften werden auf Zeit gelebt, der Bekannten- und Verwandtenkreis ist klein und instabil geworden. Väter engagieren sich vermehrt in der Familie und verbringen heute mehr Zeit mit ihren Kindern. Sie sind für ihr Selbstwertgefühl nach wie vor auf die Anerkennung und Stellung in der Arbeitswelt angewiesen, die sie jedoch immer weniger ausreichend erhalten. Die meisten Frauen müssen und wollen berufstätig sein. Sie sind aufgrund der Sozialisierung in Familie und Schule genauso auf Anerkennung für die geleistete Arbeit angewiesen wie die Männer. Sie leiden darunter, dass sie, was Lohn, Karriere und Wertschätzung angeht, benachteiligt werden. Und sie beklagen sich zu Recht, dass sie für ihre fürsorgerischen Tätigkeiten, die aufwendige Betreuung von Kindern, betagten Eltern und kranken Familienangehörigen, von der Gesellschaft nicht die ihnen zustehende Anerkennung erhalten würden.

Im wohlverdienten Ruhestand schließlich leiden alte Menschen, die ihr Selbstwertgefühl hauptsächlich aus der Arbeit bezogen haben, unter der ausbleibenden sozialen Anerkennung und dem verlorenen gesellschaftlichen Status – und dies für die nächsten zehn, zwanzig und mehr Jahre. In der Vergangenheit haben alte Menschen viel Wertschätzung für ihre Lebenserfahrung erhalten und oftmals einen hohen sozialen Status eingenommen, bis hin zur weisen Frau oder dem weisen Mann. In den letzten Jahrzehnten wurde die soziale Werteskala geradezu auf den Kopf gestellt, die Rollen von Alt und Jung haben sich vertauscht. Jahrzehntelange Erfahrungen zählen nicht mehr, dafür umso mehr aktuelles Know-how. So sind es die Jungen, die die technologischen Errungenschaften beherrschen und ihre Großeltern bei der Bedienung des Smartphones anleiten. Die Leistungsgesellschaft tut sich schwer damit, den alten Menschen Würde und Wertschätzung entgegenzubringen.

In unserer Gesellschaft nimmt das Buhlen um Aufmerksamkeit bisweilen neurotische Ausmaße an. Die

Menschen versuchen verzweifelt mit Äußerlichkeiten wie Kleidung, Kosmetik und Accessoires, aber auch mit Statussymbolen wie großen Autos oder teuren Hobbys auf sich aufmerksam zu machen. Dabei wird die emotionale und soziale Not der Menschen von der Wirtschaft weidlich ausgenutzt. Der Jahresumsatz von Geruchsstoffen wie Parfümen und Deodorants beläuft sich weltweit auf geschätzte 250 Milliarden US-Dollar. Eine weitere Steigerung der Oberflächlichkeit ist der Hype, den die Influencer in den sozialen Medien ausgelöst haben. Abermillionen von Followers bestaunen täglich stundenlang ihre Idole auf Instagram, dürfen ihre hochstilisierten Bilder mit Likes und Dislikes versehen und konsumieren schamlose Schleichwerbung. Der Umsatz der Influencer ist innerhalb weniger Jahre auf mehr als 10 Milliarden US-Dollar angewachsen (siehe auch Teil I, »Kompetenzen«).

Je besser Menschen sich kennenlernen, gegenseitig wertschätzen und unterstützen, desto weniger spielen Äußerlichkeiten und die sozialen Medien eine Rolle. Gemeinsame Erfahrungen und tragfähige Beziehungen schaffen eine Vertrautheit, die in den sozialen Medien nicht entstehen kann. Aus dieser Vertrautheit heraus wachsen beständige Anerkennung und ein fester sozialer Status. Zu Lebensformen, die dies wieder möglich machen, müssen wir zurückfinden (siehe Teil III).

Klassenkampf, Missbrauch von Macht und Autoritätsgläubigkeit

In den vergangenen 30 Jahren ist es zu einer Entsolidarisierung der Gesellschaft gekommen, die sich zum Beispiel in einer zunehmenden Ghettoisierung von trostlosen Siedlungen mit günstigen Mietwohnungen in Agglomerationen und teuren Wohnquartieren in Stadtzentren widerspiegelt. Die Elite – so werden sie von den Benachteiligten genannt – besteht aus einer urbanen, akademischen und wirtschaftlich dominierenden Oberschicht. Sie hat das untergegangene Bildungsbürgertum als soziokulturell bestimmende Klasse abgelöst. Ihre Vertreter werden auch als Kosmopoliten bezeichnet, stehen sie doch für weltweite Öffnung, kulturelle Vielfalt und Werte wie Individualismus, Diversität und Kreativität. In Europa und den USA fürchtet die Elite um ihre Bildungsprivilegien, soziale Stellung und Vermögen, während große Anteile der Bevölkerung, in den USA 40 Prozent, sich ohnmächtig und übergangen fühlen.

Ein weiteres gravierendes Problem in der Massengesellschaft ist die Verteilung der Macht in Gesellschaft, Staat und Wirtschaft. Wie in Teil I ausgeführt, waren soziale Hierarchien mit einem Oberhaupt und freiwilliger Unterordnung über 300 000 Jahre hinweg ein fester Bestandteil der Lebensgemeinschaft (siehe »Grundbedürfnisse«). Untergebene und ihr Oberhaupt haben sich sehr gut gekannt, was Vertrauen schuf und ein großes Maß an zwischenmenschlicher Kontrolle gewährleistete. Mit dem Wandel von der Lebensgemeinschaft hin zu einer anonymen Massengesellschaft hat die Macht enorm zugenommen, während Vertrautheit und Kontrolle weitgehend verlorengingen – auch wenn die Politiker beides vor den Wahlen immer wieder betonen.

Welch enorme Gefahren Macht, Anonymität und Kontrollverlust heraufbeschwören können, haben uns im 20. Jahrhundert Diktatoren wie Hitler und Stalin mit dem millionenfachen Leid, das sie über Europa gebracht haben, unauslöschlich vor Augen geführt. Leider haben wir seitdem wenig dazugelernt. Es gibt nach wie vor zahlreiche Autokraten wie Kim Jong-un, die sich mit Gewalt und Unterdrückung ihre Macht sichern. Es gibt aber auch Präsidenten wie Donald Trump, der dank des Vertrauens und der Autoritätsgläubigkeit der Bevölkerung demokratisch gewählt wurde und wohl als der unfähigste aller amerikanischen Präsidenten in die Geschichte eingehen wird. Übrigens bemerkenswert: Donald Trump wurde 2016 gewählt, weil weite Teile der Bevölkerung eine große Abneigung gegen die Elite der Ostküste hatten und daher den Showman Lady Hillary Clinton vorzogen. Es ist erschreckend, wie sehr wir im Umgang mit Macht in Gesellschaft und Wirtschaft nach wie vor in archaischen Denk- und Verhaltensmustern gefangen sind und dabei in unserem Urteilsvermögen eingeschränkt werden.

Selbstentfaltung

Ausnahmslos jedes Kind will sein individuelles Entwicklungspotenzial entfalten. Kein Kind will und kann sein Entwicklungspotenzial jedoch übersteigen.

Menschenkinder haben während 300 000 Jahren ihre Lernerfahrungen im Wesentlichen in zwei Lebensbereichen gemacht: in der Natur und in der Lebensgemeinschaft. Sie entwickelten ihre Kompetenzen, indem sie mit anderen Kindern viel Zeit im Urwald, in der Savanne oder Tundra verbrachten. In der Lebensgemeinschaft eigneten sie sich im Zusammenleben mit Erwachsenen und Kindern unterschiedlichen Alters die sozialen und sprachlichen Kompetenzen und auch Fertigkeiten an. Auf Erfahrungen in Natur und Lebensgemeinschaft sind unsere Kinder in ihrer

Lernbereitschaft immer noch angelegt. Ihre reale Lebenswelt ist jedoch eine völlig andere.

Unzureichende Erfahrungsräume

Heute halten sich Kinder kaum mehr in der freien Natur auf. Sie leben in Gebäuden, beschäftigen sich mit Spielsachen und verbringen, je älter sie werden, immer mehr Zeit in den Medien. Sie streunen nicht mehr stundenlang durch die Natur und verbessern dabei auch mit jedem Schritt ihre motorische Koordination und ihre auditiven, visuellen und taktil-kinästhetischen Fähigkeiten. Sie bewegen sich nur noch auf glatten Böden zwischen Wohnzimmer, Kinderzimmer, Küche und Bad. Sie rennen nicht mehr über Stock und Stein, sondern kurven nur noch stundenlang mit Dreirad und Roller auf Asphaltplätzen herum. Sie durchforschen nicht mehr mit kundigen Erwachsenen die Natur und spielen nicht jeden Tag mit anderen Kindern im Freien. Sie sitzen allein im Kinderzimmer und beschäftigen sich mit Barbiepuppen und Plastikautos, verbringen Stunden am Tablet, schauen sich Comics an und jagen beim Gamen Verbrecher. Die Hinweise mehren sich, dass die Kinder heute motorisch, sprachlich und sozial weniger kompetent sind als frühere Generationen.

Sozialisiert und sprachkompetent wurden Kinder in der Vergangenheit in stabilen, langjährigen Beziehungen mit zahlreichen Erwachsenen und Kindern unterschiedlichen Alters. So lernten sie etwa, Konflikte auszutragen, ohne dabei die Beziehung in Frage zu stellen, und Sprache in unterschiedlichstem Kontext anzuwenden. Solch vielfältige Erfahrungen können Kinder in Kleinfamilien, oftmals ohne Geschwister, nicht mehr machen. Es erstaunt daher nicht, wenn Fünfjährige, die ihre ersten Lebensjahre zu

Hause in Kleinfamilien verbracht haben, Entwicklungsdefizite aufweisen im Vergleich mit Kindern, die eine kindgerechte Kita besucht haben.

In Großfamilien und Lebensgemeinschaften lernten die Kinder von Vorbildern und im Umgang mit jüngeren und älteren Geschwistern, wie man mit Kindern unterschiedlichen Alters umgeht. Heute müssen angehende Eltern einen Kurs besuchen, um die notwendigsten Kenntnisse über das Wesen eines Säuglings, den Umgang mit ihm und die Körperpflege vermittelt zu bekommen. Später nehmen sie an Elternseminaren teil und lesen in Erziehungsratgebern nach, warum ihr zweijähriger Sohn im Supermarkt plötzlich in einen Trotzanfall ausbricht und wie sie mit dieser Krisensituation umgehen können.

Mit fünf bis sieben Jahren kommen Kinder in die Schule. Was für eine dramatische, leider oftmals traumatische Veränderung in ihrem Leben! Sind Kinder bis vor 200 Jahren in der freien Natur aufgewachsen, verbringen sie nun Tausende von Stunden in Klassenzimmern. So verwundert es nicht, dass viele Kinder ihren natürlichen Bewegungsdrang nicht unterdrücken können, unruhig und verhaltensauffällig werden.

Wie wichtig Erfahrungen in der Natur für die Entwicklung von Kindern sind, wird einem schnell klar, wenn man sieht, mit welcher Freude sie durch den Wald rennen, auf Bäume klettern oder beim Baden im See herumtoben. Der Wald ist ein Eldorado für Kinder. Es erstaunt daher nicht, dass Waldkindergärten und -schulen bei Kindern so beliebt sind. Selbst Regen und Kälte machen ihnen wenig aus. Wir müssen unbedingt dafür sorgen, dass sich Kinder wieder gemeinsam frei in der Natur bewegen und dabei die Erfahrungen machen können, die sie für die Entfaltung nicht nur der motorischen, sondern all ihrer Kompetenzen brauchen.

Fehlgeleitete Bildung

Das heutige Bildungssystem sieht seine Aufgabe hauptsächlich darin, die Kinder für die Anforderungen, die die Leistungsgesellschaft an sie stellen wird, möglichst fit zu machen. Es legt die Schwerpunkte auf diejenigen Fähigkeiten und Fertigkeiten, die Gesellschaft und Wirtschaft als wichtig erachten, etwa Kenntnisse in Mathematik, Informationstechnologie und Fremdsprachen. So wird in besonders »fortschrittlichen« Kitas und Kindergärten Frühenglisch und -chinesisch angeboten. Während der Schulzeit nimmt die Belastung durch Hausaufgaben, Auswendiglernen für Prüfungen und Nachhilfeunterricht ständig zu. Der schulische Erfolg bekommt immer mehr eine geradezu existenzielle Bedeutung, die alle, Kinder, Eltern und Lehrer, einem enormen Stress aussetzt.

Die Schule orientiert sich nicht an den individuellen Stärken der Kinder, sondern an ihren Schwächen. Um Letztere auszumerzen, wurde eine riesige Förderindustrie aufgebaut. Dabei wäre es weitaus sinnvoller, die Stärken der Kinder zu fördern, anstatt sich an ihren Schwächen abzuarbeiten, die man sowieso nicht ändern kann. Kinder sollten die Erfahrung machen dürfen, dass wir ihre Schwächen akzeptieren und sie darin unterstützen, diese so gut wie möglich einzusetzen.

Unsere Gesellschaft ist leider nach wie vor nicht bereit, verständnisvoll mit der Vielfalt unter den Kindern umzugehen, auf die unterschiedliche Ausprägung der Kompetenzen und die Grenzen der individuellen Lernfähigkeit einzugehen (siehe Teil I, »Kompetenzen«), so dass Kinder selbstbestimmt alle ihre Kompetenzen und nicht nur die von der Gesellschaft geforderten, entwickeln können. Nur so bleiben Lernmotivation, Kreativität und Eigenverantwortung erhalten. Wir sollten akzeptieren, dass jedes Kind sein eigenes Entwicklungspotenzial hat, und darauf vertrauen, dass jedes Kind dieses Entwicklungspotenzial auch entfalten will. Unsere Aufgabe ist es, das Kind darin zu unterstützen.

Um mit dem rasanten technologischen Fortschritt und der exponentiellen Zunahme von Wissen Schritt zu halten, propagieren Gesellschaft und Wirtschaft heute das lebenslange Lernen. Lernen wie in der Kindheit ist im Erwachsenenalter jedoch nicht mehr möglich (siehe Teil I, »Grundbedürfnisse, Selbstentfaltung«). Die Kompetenzen sind ausgereift, Fertigkeiten und Wissen können nur noch in einem beschränkten Maß erworben werden. Die Aufforderung zur ständigen Fort- und Weiterbildung sowie Umschulungen löst begreiflicherweise bei vielen Menschen, insbesondere älteren, große Ängste aus.

Leistungen erbringen

> »Aufstehen, Straßenbahn, vier Stunden Büro oder Fabrik, Essen, Straßenbahn, vier Stunden Büro oder Fabrik, Essen, Schlafen, Montag, Dienstag, Mittwoch, Donnerstag, Freitag, Samstag, immer derselbe Rhythmus – das ist sehr lange ein bequemer Weg. Eines Tages aber steht das ›Warum‹ da und ein Überdruss, in den sich Erstaunen mischt.« *»Der Fremde«, Albert Camus*

»Was machst du eigentlich bei der Arbeit?« – »Ich weiß es nicht. Ich gehe da einfach hin.« Die Arbeitswelt verlangt von uns immer häufiger Leistungen, die uns nicht befriedigen und deren Sinn wir nicht mehr einsehen. Wir möchten aber nicht irgendwelche Leistungen erbringen, um ein Auskommen und Erfolg im Beruf zu haben. Wir wollen dafür auch soziale Anerkennung bekommen. Und wir wollen Leistungen erbringen, auf die wir stolz sein können, die unser Selbstwertgefühl und unsere Selbstwirksamkeit stärken, die Sinn machen und der Gemeinschaft dienen. Die Entwertung von Leistung beginnt bereits in der Kindheit.

Fremdbestimmt Leistung erbringen

Nicht erst Erwachsene, bereits Kinder wollen von klein auf Leistungen erbringen – und zwar selbstbestimmt. Wenn es einem Zweijährigen gelingt, mit Legosteinen einen hohen Turm zu bauen, oder wenn es ein Schulkind das erste Mal schafft, ein Buch zu lesen, stellt sich ein tiefes Gefühl der Befriedigung und Selbstbestätigung ein. Müssen Kinder ständig fremdbestimmt Leistungen erbringen, wird ihre genuine Leistungsbereitschaft nachhaltig beschädigt. Viele Eltern und Lehrern sind überzeugt, dass Kinder, die in der Schule nur widerwillig etwas leisten und nicht lernen, sich Leistungszwängen zu unterziehen, in Gesellschaft und Wirtschaft nicht werden bestehen können. So müssen Kinder bereits in der Schule darauf konditioniert werden, ohne Wenn und Aber das zu leisten, was von ihnen verlangt wird. Wenn Kinder aber zu Leistungen gezwungen werden, die sie überfordern, verlieren sie ihr genuines Interesse, sich in einen Bereich zu vertiefen und aus sich heraus Leistungen zu erbringen. Verlieren sie ihre Neugier, beeinträchtigt das langfristig ihre Kreativität – mit nachteiligen Folgen nicht nur für sie selbst, sondern auch für Gesellschaft und Wirtschaft.

Die Schule stellt an alle Schüler eines Jahrgangs die gleichen Anforderungen. Sie nimmt kaum Rücksicht auf ihren individuellen Entwicklungsstand, der unter Siebenjährigen zwischen fünfeinhalb und achteinhalb Jahren variieren kann. Kinder, die in ihrer Entwicklung voraus sind und mehr leisten könnten, werden unzufrieden und verweigern schlimmstenfalls jegliche Leistung. Kinder, die überfordert werden, weil sie entwicklungsmäßig noch nicht so weit sind, fühlen sich als Versager, und ihre Leistungsbereitschaft nimmt ebenfalls ab. Kinder, die über- oder unterfordert werden, werden häufig beschuldigt, faul, ablenkbar und unruhig zu sein, was sie zusätzlich demotiviert. Die japanische Regierung hat 2018 festgestellt, dass 160 000 Kinder (2 Prozent aller Kinder) unter 16 Jahren nicht mehr zur Schule gehen (Wagner 2018). Die Gründe dafür sind vielfältig: enormer Leistungsdruck in der Schule, übermäßig viel Hausaufgaben und Nachhilfeunterricht, chronischer Schlafmangel und mehrere Stunden pro Tag im Internet.

»Wer die Arbeit kennt und sich nicht drückt, der ist verrückt« (deutsches Sprichwort). Die Arbeit hat keinen guten Ruf. Sie steht für Mühsal und Leid, für Fronarbeit, Leibeigenschaft und Sklaverei. Noch heute ist unfreie Arbeit weit verbreitet, etwa als Zwangsarbeit in China und Nordkorea. Ursprünglich diente die Arbeit dazu, die Grundbedürfnisse der Menschen, die in einer Lebensgemeinschaft lebten, zu befriedigen. Gemeinsam wurde die Ernährung durch Jagen, Sammeln und Anpflanzen von Pflanzen gewährleistet, Werkzeuge und Essgeschirr hergestellt, Kleider genäht, Unterkünfte gebaut und befestigt. Selbstvorsorge (sogenannte Subsistenzarbeit) wurde und wird in manchen Kulturen auch heute noch als selbstbestimmte Tätigkeit, Lebensnotwendigkeit und »sinngebende Lebensaufgabe« verstanden. Im Verlauf der Zeit wurde Arbeit immer häufiger im Austausch für Nahrung und Ware und schließlich für Geld erbracht. Die Lohnarbeit war geboren, und die existenziellen und sozialen Abhängigkeiten nahmen immer mehr zu, die zu Ausbeutung und Leibeigenschaft der Mehrheit und zu einer einseitigen Akkumulation von Macht und Reichtum von wenigen führten. Der Philosoph Georg Wilhelm Friedrich Hegel stellte bereits zur Zeit der Frühindustrialisierung fest: Der Arbeiter hat zu seinem eigenen Arbeitsprodukt, aber auch zu dem Unternehmen, für das er arbeitet, nur noch das bare Lohnverhältnis und kann demgemäß nicht mehr stolz auf seine Leistung sein (Berger 2012). Seitdem hat die Arbeit einen rasanten existenziellen und sozialen Wandel erfahren, der selbst von Hegel und Marx so in seinen globalen Dimensionen nicht voraussehbar war. Die Arbeitswelt ist zu einem gnadenlosen Wettbewerb verkommen. Die Wertschätzung, die Arbeitnehmer heutzutage für ihre Leistungen erhalten, beschränkt sich auf ihren »Marktwert«, also auf den ökonomischen Nutzen für den Arbeitgeber. Es herrscht eine subtile Form moderner Sklaverei.

Immer mehr Angestellte, etwa in Banken und Versicherungen, fühlen sich nur noch als Befehlsempfänger, die in einem eng umschriebenen Arbeitsbereich Aufträge auszuführen haben. Angelernte Bürokräfte, aber auch Fachleute und selbst CEOs wechseln alle paar Jahre den Job. Gebrochene Lebensbiographien, nicht nur im Berufs-, sondern auch im Privatleben, gehen mit einem untergründigen Stress einher. Die Zukunft ist unvorhersehbar geworden.

Aus der Sicht des Fit-Prinzips ist der Begriff Leistung positiv besetzt (siehe Teil I). Darunter wird das Grundbedürfnis verstanden, Leistungen erbringen zu wollen, zu denen die Menschen aufgrund ihrer individuell angelegten Kompetenzen fähig sind. Es war wohl zu keiner Zeit in der Menschheitsgeschichte so, dass die Menschen nur Arbeiten erbracht haben, die ihrem Leistungsbedürfnis entsprachen. Sie verrichteten – je nach den Lebensbedingungen und den kulturellen Gegebenheiten – immer auch Arbeiten für sich und die Gemeinschaft, die nicht mit ihren Bedürfnissen und Fähigkeiten übereinstimmten. In den vergangenen 200 Jahren jedoch ist es zu einer Entkoppelung von Arbeit und Leistung, zu einer Entfremdung von Wertschätzung und gemeinschaftlichem Nutzen gekommen, die in der Menschheitsgeschichte einzigartig ist.

Schließlich ist die Arbeitswelt mit ihrem Angebot an Tätigkeiten immer einförmiger geworden. Sie kann der Vielfalt der Kompetenzen unter den Menschen nicht mehr gerecht werden (Sennett 2008).

Kein Sinn und kein gemeinschaftlicher Nutzen

In der ursprünglichen Lebensgemeinschaft erbrachten die Menschen Leistungen, die hauptsächlich der Gemeinschaft zugutekamen. Es war ein kooperatives Geschehen, das die Menschen durch den gegenseitigen Nutzen einander näherbrachte. Heute erbringen die meisten Arbeitnehmer Leistungen, deren Sinn oft nicht ersichtlich ist. Werden Teamgeist und -arbeit gefördert, dann nicht um das Wohlbefinden der Mitarbeiter zu verbessern, sondern um die Gesamtleistung des Unternehmens zu steigern. Menschen jeden Alters fehlen die Lebensräume, in denen sie selbstbestimmt und gemeinsam Leistungen erbringen dürfen, die ihnen entsprechen, für die sie soziale Anerkennung erhalten und deren gemeinschaftlicher Nutzen und Sinn klar ersichtlich ist.

Existenzielle Sicherheit

Freitagabend. Arne steigt nach einer anstrengenden Arbeitswoche müde, aber zufrieden in sein Elektroauto. Er fährt zum Supermarkt und besorgt sich Lebensmittel fürs Wochenende, Fleisch, Gemüse und Obst. Zu Hause angekommen, holt er ein Paket aus dem Briefkasten, neue Sportschuhe fürs Joggen und das Fitnesstraining. Arne kauft Kleidung, elektronische Geräte und vieles andere nur noch online ein. Es riecht gut in der Wohnung. Seine Haushaltshilfe hat die Wohnung sauber gemacht und den Abfall entsorgt. Heute Abend wird er seine Freundin Kerstin zu einem exquisiten Abendessen ausführen und sie mit seinen Ferienplänen überraschen.

Arne kann sehr gut allein für sich sorgen. In seinem Leben herrschen Freiheit, Unabhängigkeit und Wahlmöglichkeiten, wie es sie für einen einzelnen Menschen nie zuvor gegeben hat. In der Vergangenheit waren die Menschen immer aufeinander angewiesen, oft weit mehr, als ihnen lieb war. Für Menschen, die so wie Arne leben, ist ihr Lebensstil eine Selbstverständlichkeit. Sie sind sich kaum bewusst, wie fragil ihre Lebensweise ist und welche große existenzielle Abhängigkeit hinter dieser vordergründig großen Freiheit steckt.

Arne konnte aus verschiedenen Stellengeboten auswählen. Als IT-Spezialist verdient er sehr gut. Er gehört zur oberen Mittelschicht, deren Einkommen und Vermögen in den vergangenen Jahrzehnten extrem gewachsen sind. Wie privilegiert er ist, wurde ihm bewusst, als sein Bruder vor einem Monat seine Anstellung verlor. Die Bank hat ihm gekündigt mit dem Angebot, ihm den Lohn für weitere sechs Monate auszubezahlen, und der Auflage, dass er niemanden und schon gar nicht die Medien über die aktuelle Entlassung von mehreren hundert Angestellten informiert. Die Kündigung hat Kerstin nicht überrascht. Sie weiß aus ihrer Erfahrung als Sozialarbeiterin, dass immer mehr Menschen von einem Tag auf den andern ihre Anstellung verlieren. In Branchen wie der Gastronomie und Reinigung werden Menschen nur noch tage- oder gar nur noch stundenweise und auf Abruf angestellt.

Nach der Verlagerung von Produktion und Dienstleistungen in Niedriglohnländer löst die zunehmende Digitalisierung der Wirtschaft in der Bevölkerung zusätzliche Ängste aus. Die Automatisierung und der Einsatz von Robotern hält nicht nur in den Industriebetrieben, sondern auch in der Dienstleistungswirtschaft Einzug. In monopolistischen Großkonzernen wie Amazon, die im Onlinehandel tätig sind, haben Automatisierung und Flexibilisierung der Anstellungen zu prekären Arbeitsverhältnissen geführt. In den Supermärkten werden die Kassierinnen neuerdings durch Touchscreens ersetzt. Die Banken schließen ihre Kundenschalter und führen das E-Banking ein. Die Arbeit von Bankangestellten und Versicherungsagenten wird an Internetplattformen delegiert. Diese Entwicklung ist nicht aufzuhalten, aus dem einfachen wirtschaftlichen Grund, weil Automaten und Roboter billiger sind als menschliche Arbeitskräfte. Darüber will – im gegenwärtig noch hohen Wohlstand – niemand reden, schon gar nicht die Verantwortlichen in Politik und Wirtschaft.

Am Sonntagmorgen, als Arne und Kerstin aufwachen, ist es draußen unheimlich still. Kein Verkehr. In der Wohnung sind alle Geräte außer Betrieb, Licht, Heizung, Kühlschrank und Herd, Radio und Fernseher. Nur das Handy und das Laptop sind noch funktionstüchtig mit Infos von der städtischen Alarmzentrale: Das regionale Elektrizitätswerk sei ausgefallen und könne frühestens am Abend wieder in Betrieb genommen werden. Arne und seine Freundin haben viel Zeit, sich Gedanken zu machen, was alles vom Stromausfall betroffen ist: Kommunikation, Medien, Versorgung mit Lebensmitteln und Trinkwasser, Verkehr, Polizei, Krankenhäuser – eigentlich so ziemlich alles, was man zum Leben braucht. Arne und Kerstin wird bewusst, wie komplex die Strukturen von Gesellschaft und Wirtschaft geworden sind und welche enormen Risiken sie bergen. Sie realisieren, dass sie längst nicht so frei und unabhängig sind, wie sie gedacht haben. Ihr Leben hängt in einem hohen Maß davon ab, wie funktionstüchtig die Einrichtungen von Gesellschaft und Wirtschaft sind. Und sie fragen sich, wer eigentlich dafür die Verantwortung trägt.

Arne weiß als IT-Spezialist, dass es noch weit schlimmer hätte kommen können, behält es aber für sich. Ein großangelegter Hackerangriff auf das europäische Stromnetz ist jederzeit möglich. Er könnte zu einem tage- oder gar wochenlangen Stromausfall führen und Abermillionen von Menschen ins Elend und gar in den Tod stürzen.

Vertrauenskrise

Die Buchhandlungen und Onlineanbieter sind voll von Ratgebern, um einer riesigen Leserschaft beizustehen. Sie halten eine Vielzahl von Tipps bereit, wie man Wohlbefinden und Leistungsfähigkeit steigern kann: durch eine Optimierung von Ernährung, Fitness und Work-Life-Balance. Dazu kommen weitere Hilfsangebote, die in Medien wie YouTube verbreitet werden, sowie Kurse und Seminare. Edward Bond hat recht: Die Not der Menschen ist groß im größten Wohlstand aller Zeiten. Wohlstand allein garantiert kein soziales und emotionales Wohlbefinden.

Der wissenschaftliche, technologische und wirtschaftliche Fortschritt in den vergangenen 200 Jahren hat uns enorme Erfolge beschert, was aber nicht bedeutet, dass es uns Menschen auch wirklich gut geht. Der Druck, der von der Leistungsgesellschaft auf die Menschen ausgeübt wird, führt zu Schlafproblemen, chronischem Stress und Burn-out-Syndrom, die wiederum mit Achtsamkeitstraining aller Art und Psychotherapie behandelt werden. Was aber aus der Sicht des Fit-Prinzips noch weit gravierender ist: das Ausmaß, in welchem die Menschen jeden Alters in ihrem emotionalen und sozialen Wohlbefinden beeinträchtigt sind. Sie können immer weniger ihre Individualität leben, fühlen sich fremdbestimmt. Und vor allem mangelt es ihnen an Geborgenheit und sozialer Anerkennung.

Es reicht nicht mehr aus und macht keinen Sinn, Ratgeber zu konsultieren, Coachingkurse zu besuchen und sich mit Wellness wieder aufzurappeln. Uns fehlt etwas Essentielles: Wir führen ein Leben, als ob wir auf beständige und tragfähige zwischenmenschliche Beziehungen verzichten könnten. Wir brauchen, um unsere Individualität leben zu können und uns geborgen und angenommen zu fühlen, die Gemeinschaft. Das Zusammenleben mit vertrauten Menschen ist für unser psychisches Wohlbefinden genauso wichtig wie eine ausreichende Ernährung für unser körperliches Wohlbefinden.

Je rascher wir das einsehen, desto besser. Wir haben es mit einer umfassenden Vertrauenskrise zu tun. Es geht nicht nur darum, mit zeitgemäßen Formen gemeinschaftlichen Zusammenlebens neues Vertrauen zu schaffen. Auch das Vertrauen in Gesellschaft und Wirtschaft muss neu aufgebaut werden. Wie eine solche Erneuerung aussehen könnte, dazu folgen nun einige Überlegungen.

Teil III Das Zusammenleben neu gestalten

Wie wir unsere Gesellschaft reformieren können

> »Dieser Hang und Drang (nach Wohlstand) ist mehr als alles andere geeignet, die echten menschlichen Tugenden: Verantwortungsfreudigkeit, Nächsten- und Menschenliebe, das Verlangen nach Bewährung, die Bereitschaft zur Selbstvorsorge und noch vieles Gute mehr allmählich, aber sicher absterben zu lassen – und am Ende steht vielleicht nicht die klassenlose, wohl aber die seelenlose mechanisierte Gesellschaft.« *Ludwig Erhard*

Wie konnte der ehemalige Bundeskanzler Ludwig Erhard, der Vater des deutschen Wirtschaftswunders, zu einer solch pessimistischen Einsicht gelangen? Nach dem großen Schrecken des Zweiten Weltkriegs ging ein Aufatmen durch Europa. Es gab Hoffnung auf eine bessere Zukunft. Die Menschen lebten zwar in Armut, waren aber voller Zuversicht, denn jedes Jahr ging es ihnen etwas besser, konnten sie sich etwas mehr leisten. Ende der 1960er-Jahre waren die Einkommen so weit gestiegen, dass die Menschen ihre existenziellen Grundbedürfnisse ausreichend befriedigen konnten. Der Sozialstaat ging in einen Wohlfahrtsstaat über. Das Streben nach materiellem Wohlstand machte immer mehr den Sinn des Lebens aus. Oder wie der Schriftsteller und Umweltaktivist Carl Amery (2002) anmerkte, die Ökonomisierung von immer mehr Lebensbereichen ist zu einer Art Ersatzreligion geworden.

Es waren nicht allein das Wirtschaftswachstum und der Wohlstand, die das Leben der Menschen tiefgreifend veränderten. Damit einher ging eine zunehmende Auflösung der sozialen Strukturen, auf die bereits mehrmals hingewiesen wurde. Es entstand eine Massengesellschaft, Lebensgemeinschaften lösten sich auf, und Familienverbände schrumpften zu Kleinfamilien. Die Menschen brauchten einander immer weniger, und so stellte sich eine immer größere emotionale und soziale Vereinsamung ein. Mit Konsum und Anhäufung von Besitz und Vermögen versuchen die Menschen ihre psychische Not zu kompensieren, was wiederum die Wirtschaft befeuert. Ein Teufelskreis.

Seelenlos drohe die Gesellschaft zu werden, schreibt Ludwig Erhard. Denn je stärker der Wohlstand zunahm, desto mehr lösten sich die Beziehungsnetze auf, und Verantwortungsgefühl, Hilfsbereitschaft und Nächstenliebe nahmen ab. In den letzten Jahrzehnten haben eine Vielzahl von Faktoren wie eine hohe Scheidungsrate, räumliche Trennung zwischen Familienleben und Arbeitsplatz und eine hohe Mobilität das Zusammenleben zusätzlich erschwert. Immer mehr Menschen fühlen sich im Kleinen nicht mehr geborgen und sind heimatlos im Großen geworden. Um unsere emotionalen und sozialen Grundbedürfnisse zu stillen und die Individualität zu leben, fehlt uns die Gemeinschaft vertrauter Menschen. Wir können die Grundbedürfnisse nach Geborgenheit sowie nach sozialer Anerkennung und sozialem Status in einer Massengesellschaft nicht befriedigen. Dazu reicht auch die Kleinfamilie – wie viele Eltern und Kinder während der Pandemie schmerzlich erfahren mussten – nicht aus. Wenn wir seelisch nicht verkümmern wollen, müssen wir zu einem Zusammenleben zurückfinden, in dem wir Emotionen und Werte wie zwischenmenschliche Wärme und Fürsorglichkeit, auf die wir für unser Wohlbefinden so angewiesen sind, wieder leben können.

In den vergangenen Jahren haben in der gesamten westlichen Welt und auch in Ländern wie Japan die emotionale Verarmung, soziale Vereinsamung und der Mangel an fürsorglichem und mitmenschlichem Verhalten epidemische Ausmaße angenommen. In der Schweiz klagen laut einer jüngeren Studie über ein Drittel der Bevölkerung, Menschen jeden Alters, einsam zu sein. Die englische Regierung hat eine Ministerin gegen Einsamkeit ernannt. Die Gesellschaft hat sich in eine seelenlose, mechanisierte und – was Ludwig Erhard nicht vorausahnen konnte – digitalisierte Gesellschaft verwandelt. Nicht nur der Konsum, auch die sozialen Medien dienen nun als Ersatz für unbefriedigte emotionale und soziale Bedürfnisse.

Wir sind nicht mehr Selbstversorger und hochgradig fremdbestimmt. Vor der Pandemie haben wir blind darauf vertraut, dass die Wirtschaft als Arbeitgeber und der Staat, etwa mit der Rente und Arbeitslosenversicherung, unsere existenzielle Sicherheit gewährleisten. Im Wohlstand lebend, spürten wir nicht, in welch schicksalhafter Abhängigkeit von Staat und Wirtschaft wir leben. Nach den Erfahrungen mit der Pandemie, dem Lockdown und plötzlicher Arbeitslosigkeit sind viele Menschen nachhaltig verunsichert. Wir sind in den vergangenen Jahrzehnten auf Gedeih und Verderb von Staat und Wirtschaft abhängig geworden.

Die Natur ist – man kann es nicht oft genug wiederholen – *unser aller Schicksal.* Unsere Vorfahren waren der Natur untertan. Sie haben die Natur gefürchtet und verehrt. Wir dominieren die Natur und laufen Gefahr, sie und damit auch die Menschheit zu vernichten. Wir stehen in der Verantwortung für den Planeten Erde.

Aus der Sicht des Fit-Prinzips stehen wir vor den folgenden Herausforderungen, die wir nur mit einem solidarischen Verhalten lösen können:

- Wie gestalten wir die Umwelt für ein gemeinschaftliches Zusammenleben, in dem wir unsere emotionalen und sozialen Bedürfnisse befriedigen und selbstbestimmt unsere Individualität leben können? Dabei geht es nicht darum, zu Lebensgemeinschaften längst vergangener Zeiten zurückzukehren, sondern zeitgemäße Formen des Zusammenlebens zu finden.
- Wie stellen wir sicher, dass die Gesellschaft, der Staat und seine Institutionen die Versorgung unserer Grundbedürfnisse gewährleisten? Der Staat und seine demokratischen Strukturen, die oftmals noch aus dem 19. Jahrhundert stammen, müssen so reformiert werden, dass sich die Bürger weit aktiver als bisher an den Entscheidungen in Staat und Gesellschaft beteiligen können, die ihr Leben betreffen.
- Eine gleichermaßen riesige Aufgabe ist die Reformierung der Wirtschaft. Nach vielen Jahrtausenden ständig wachsender Marktwirtschaft muss das Wachstum ein Ende haben.
- Ohne eine intakte Natur werden wir nicht überleben. Wenn wir nicht bereit sind, unser Leben tiefgreifend zu verändern, werden wir die heraufziehende Klima- und Naturkatastrophe nicht abwenden können.

Leben in der Gemeinschaft

Es ist ein eindrückliches soziales Phänomen unserer Zeit, die Pluralisierung der Gesellschaft. Die Vielfalt unter Individuen und Gruppen soll zum Ausdruck gebracht und gleichberechtigt gelebt werden. Zur Pluralisierung haben seit der 1968er-Bewegung eine Reihe von Faktoren beigetragen wie die Zunahme der ethnischen Vielfalt, die Emanzipation der Frau in Bildung, Beruf und sozialer Stellung und der Abbau moralischer Schranken. Die Pluralisierung zusätzlich befeuert haben der materielle Wohlstand und ein überbordender Konsum (siehe Teil I, »Soziale Anerkennung und sozialer Status«). In den Medien werden heftige Debatten geführt über Toleranz und Diskriminierung von Andersartigkeit wie Hautfarbe, ethnische Zugehörigkeit, sexuelle Orientierung und religiöse Überzeugung.

Die Vielfalt anzuerkennen ist dringend geboten, bedeutet aber längst noch nicht, dass die Menschen ihre Individualität auch leben können. Aus der Sicht des Fit-Prinzips ist dies in einer anonymen Massengesellschaft nur sehr eingeschränkt möglich. In allen Kulturen sind die Menschen nur in beständigen, vertrauensvollen und solidarischen Beziehungen bereit, ihre Mitmenschen mit ihren Stärken und Schwächen zu akzeptieren, Freud und Leid zu teilen, Verantwortung füreinander zu übernehmen und sich gegenseitig in schweren Zeiten beizustehen.

Unsere Vorfahren waren durch die damals herrschenden Lebensbedingungen schlichtweg dazu gezwungen, in Lebensgemeinschaften zu leben. Heute brauchen wir, um zu überleben, die Lebensgemeinschaft nicht mehr. Wir haben uns an ein Leben mit großen individuellen Freiheiten und wenig zwischenmenschlicher Verantwortung gewöhnt und sind nur ungern bereit, darauf zu verzichten. Wir müssen uns fragen, wie neue Formen des Zusammenlebens aussehen könnten, und uns der anspruchsvollen, aber auch höchst befriedigenden Aufgabe stellen, sie umzusetzen. Eine Möglichkeit ist der Zusammenschluss in einer genossenschaftlich organisierten Siedlung. Versuchen wir uns vorzustellen, wie das Leben von Kindern, Erwachsenen und alten Menschen dort aussehen könnte. Wie würde sich ihr Alltag gestalten? Was hält die Gemeinschaft zusammen, wie wichtig sind dafür etwa gemeinsame Erfahrungen und gegenseitige Unterstützung? Und worin unterscheidet sich ein solches Zusammenleben für Kinder und Eltern vom Leben in einer Kleinfamilie?

Aber auch: Wie finden sich Menschen zusammen, die in einer solchen Gemeinschaft leben möchten? Wie wird eine Gemeinschaft geplant und organisiert? Welche baulichen Infrastrukturen wie Bastelräume für Kinder und Gemeinschaftsräume für ältere Menschen braucht es? Warum sollten solche Lebensgemeinschaften vom Staat unterstützt werden, und weshalb sind sie für den Staat eine riesige Entlastung?

Warum es sich in einer Gemeinschaft besser lebt

Kinder brauchen die Gemeinschaft für ihre Entwicklung. Damit Kinder ein gesundes Urvertrauen entwickeln und zu emotional stabilen und sozial kompetenten Erwachsenen heranwachsen können, brauchen sie Eltern, die verfügbar und verlässlich sind und ihre Grundbedürfnisse ausreichend befriedigen. Je älter die Kinder werden, desto mehr verlangen sie nach weiteren Bezugspersonen, bei denen sie sich wohlfühlen und die ihnen als Vorbilder dienen. Diese verfügen über Fähigkeiten und Fertigkeiten, die ihre Eltern nicht haben, und ermöglichen ihnen Erfahrungen, die sie mit ihren Eltern nicht machen können. So leitet ein Mann sie an, wie man ein Vogelhaus schreinern, und eine Frau, wie man mit Ton töpfern und Figuren modellieren kann. Ältere Menschen sind bei kleinen Kindern oft sehr beliebt. Sie verfügen über eine große innere Ruhe und Bereitschaft, auf die Kinder einzugehen, wenn sie sich an ihrem Spiel beteiligen. Auch Jugendlichen bereitet es Freude, mit älteren Menschen Zeit zu verbringen, von ihnen ihr Leben erzählt zu bekommen und sie im Alltag zu unterstützen. Schließlich lernen Kinder und Jugendliche, dass alle Erwachsenen ihre Eigenheiten haben und unterschiedlich kommunizieren, sich etwa distanziert und wortkarg verhalten oder offenherzig und mitteilsam sind.

In der Gemeinschaft werden die Kinder durch das Zusammenleben zu Gemeinsinn und Verantwortung erzogen. Die Erwachsenen beziehen sie in ihre Tätigkeiten mit ein, so beim Einkaufen, und übertragen ihnen Aufgaben, etwa beim Instandhalten der Fahrräder und Aufräumen des Spielplatzes. Wenn jüngere Kinder erleben, wie ältere Aufträge ausführen, werden sie dazu weit eher bereit sein, als wenn sie als Einzelkind in einer Kleinfamilie von den Eltern dazu aufgefordert werden. Die Zeit, die Kinder mit Erwachsenen verbringen, ist für ihre Entwicklung in vielerlei Hinsicht sehr bereichernd und für die Eltern eine willkommene Entlastung.

Ganz besonders Kinder brauchen für ihre Entwicklung von klein auf auch jüngere und ältere Kinder, mit denen sie vielfältigste Erfahrungen machen können. So erleben sie, wie man mit Kindern unterschiedlichen Alters umgeht, etwa einen Säugling oder ein Kleinkind füttert. Ältere Kinder sind überaus wichtige Vorbilder. Die jüngeren Kinder wollen so wie sie werden und sind ungemein stolz, wenn sie dafür Anerkennung erhalten. Kinder und Jugendliche schätzen es sehr, ihre eigenen Räume zu haben, die sie selbst einrichten und instand halten. Da können die Kinder spielen und basteln und die Jugendlichen sich zurückziehen und ihre Freuden und Nöte untereinander austauschen.

Kinder suchen sich zum Spielen diejenigen Kinder aus, die ihnen entwicklungsmäßig und in Bezug auf ihre Grundbedürfnisse und Kompetenzen am ehesten entsprechen. Auf diese Weise können sie ihre Kompetenzen am besten entfalten, insbesondere die sozialen. So lernen sie, sich in andere einzufühlen und hineinzudenken, sich in eine Gruppe einzufügen, soziale Regeln zu übernehmen und Konflikte auszutragen, ohne dabei die Beziehungen in Frage zu stellen.

Je älter die Kinder werden, desto ausgedehnter werden die gemeinsamen Erfahrungen mit Gleichaltrigen und desto enger werden die Freundschaften, die oftmals das ganze Leben lang bestehen bleiben. Stabile, langjährige Beziehungen mit Kindern und Erwachsenen sind für eine gesunde Entwicklung unverzichtbar und machen die Kinder weit beziehungsfähiger, als wenn sie in einer Kleinfamilie aufgewachsen wären. Wenn Kinder in einer Gemeinschaft aufwachsen dürfen, erleben sie, wie Kinder auf die Welt kommen, laufen und sprechen lernen, aber auch wie ältere Menschen krank und gebrechlich werden und sterben.

Im Verlauf der Jahre stellt sich bei Kindern ein starkes

Zuhause- und Wir-Gefühl ein. Es sind ihre Häuser, ihr Spielplatz, ihre Siedlung. Die Menschen, mit denen sie zusammenleben, gehören zu ihrer Lebenswelt. Und sie wachsen in einer Wertegemeinschaft auf, in der ihnen beispielsweise eine ökologische Lebensweise vorgelebt wird. Aus den vielfältigen Erfahrungen und Vorstellungen, die die Kinder machen und verinnerlichen, entsteht eine solidarische Grundhaltung, die sich nachhaltig auf ihr zukünftiges Leben auswirkt, etwa wie wichtig ihnen verlässliche und tragfähige Beziehungen sind und ob Partnerschaft, Gemeinschaft und Familie zu ihrem Lebensentwurf gehören.

Wie das gemeinschaftliche Zusammenleben auf das Wohl und die Entwicklung der Kinder wirkt, können wir in Erfahrung bringen, wenn wir uns fragen: Wie kommen Kinder miteinander aus? Helfen sie kleinen Kindern und gebrechlichen Menschen? Wie bewältigen sie Konflikte? Sind sie bereit, Verantwortung zu übernehmen, etwa bei der Betreuung von Haustieren? Sind sie selbständig und verfügen sie über ein gutes Selbstwertgefühl und eine gute Selbstwirksamkeit? Und vor allem, sind sie zufrieden und fröhlich, haben sie Spaß am Leben? Und wir werden erfreut feststellen, dass sie weit weniger von den Medien abhängig sind als Kinder, die in Kleinfamilien aufwachsen.

Erwachsenen bringt die Gemeinschaft einen Zuwachs an Lebensqualität und Lebenssinn. Erwachsene sind weniger als Kinder auf emotionale und soziale Sicherheit angewiesen, aber auch sie brauchen Geborgenheit und Zuwendung, damit sie sich auf Dauer nicht einsam und gestresst fühlen. Die Vereinsamung ist unter jungen Erwachsenen weit verbreitet und verhilft Partnership-Portalen zu immer größeren Einnahmen. Dabei braucht auch die Partnerschaft die Einbindung in ein verlässliches Beziehungsnetz. Fehlt ein solches Netz, kann es zu einer Überforderung der Partnerschaft kommen, denn sie allein kann nicht alle Grundbedürfnisse befriedigen. Partner- und Elternschaft werden entlastet und bereichert, wenn sie in einem gemeinsamen Beziehungsnetz mit vielfältigen Erlebnisräumen, aber auch gemeinsamen Verantwortlichkeiten gelebt werden können. Es ist weit erfüllender, regelmäßig miteinander zu singen, zu musizieren und zu tanzen, als nur an Massenveranstaltungen wie Konzerten teilzunehmen. Mit Klein und Groß Fußball zu spielen oder einen anderen Teamsport zu betreiben befriedigt auf die Dauer weit mehr, als allein im Fernsehen die Bundesligaspiele anzusehen.

Viele Menschen können ihre Grundbedürfnisse nach Selbstentfaltung und Leistung in der Arbeitswelt nur noch teilweise oder überhaupt nicht mehr befriedigen. Die Gemeinschaft eröffnet ihnen neue Möglichkeiten. So legen sie einen Garten an, beziehen die Kinder mit ein und versorgen die Genossenschaft mit Obst und Gemüse. Sie veranstalten einen Bazar, bei dem Kleidung, Spielsachen und Fahrräder, die nicht mehr gebraucht werden, ausgetauscht und verkauft werden. Sie gehen mit den Kindern schwimmen und wandern, besuchen Museen und organisieren Ferienlager, etwa zum Ski- oder Kanufahren. Sie gründen eine IT-Arbeitsgruppe, die Kinder, Jugendliche und Erwachsene im Umgang mit Computer, Tablet und Handy berät; die älteren Menschen werden ihnen dafür besonders dankbar sein. Sie helfen einander beim Einrichten und Instandhalten der Wohnungen und organisieren Fahrdienste, um Kinder zu einem Sportverein oder ältere Menschen zum Arzt zu bringen. Privatautos braucht es nicht mehr. Die Gemeinschaft verfügt über einen eigenen kleinen Autopark oder hat einen Vertrag mit einem Autovermieter.

Eine große Erleichterung für die Eltern ist die Kinderbetreuung. Sie müssen ihre Kinder nicht mehr in die Kita oder den Hort bringen. Die Betreuung kann für Kinder und Eltern in der Gemeinschaft weitaus besser und flexibler gestaltet werden als bei einer institutionellen Betreuung. Für Eltern, insbesondere Mütter, die einem Beruf nachgehen, kann die Betreuung an ihre Arbeitszeiten angepasst werden. Die Kinder werden vom ersten Lebensjahr bis ins Schulalter von Mitbewohnerinnen und Mitbewohnern betreut, die dafür entlohnt werden. Falls notwendig, stellt die Wohngemeinschaft Erzieherinnen an. Die finanziellen Kosten sind weitaus geringer als für eine institutionelle Betreuung, insbesondere auch weil die Aufwendungen für Administration und Infrastruktur wie Räume und Spielplätze niedriger ausfallen. Die Betreuung von Kindern in der Gemeinschaft trägt enorm zur sozialen und emotionalen Stabilität bei, so dürfen sie mit Kindern und Erwachsenen aufwachsen, die ihnen von klein auf vertraut sind.

Eine weitere Betreuung, die eine Gemeinschaft weit besser erbringen kann als Institutionen, ist diejenige von alten und bedürftigen Menschen. Sie sind nicht nur unselbständiger und pflegebedürftiger, sondern auch vermehrt auf Nähe und Zuwendung angewiesen. Ihre Beziehungen zu den eigenen Kindern, Verwandten und Bekannten sind oftmals im Verlauf der Jahre immer schwächer und unverbindlicher geworden. Alte Menschen möchten in einem Kreis vertrauter Menschen leben, mit denen sie sich austauschen und Spaß haben, etwa beim Spazierengehen oder Kartenspielen. Mit dem Eintritt in den Ruhestand haben sie zudem ihren sozialen Status verloren. So fühlen sich ältere Menschen häufig nutzlos, nur noch als Last für Familie und Staat. In der Gemeinschaft können sie, insbesondere wenn sie noch bei guter Gesundheit und rüstig sind, Leistungen erbringen, für die sie Anerkennung erhalten und die für die Gemeinschaft von großem Nutzen sein können. Sie arbeiten in der Schreinerei, Gärtnerei oder Werkstatt mit oder engagieren sich in der Kinderbetreuung. Sie erzählen den Kindern Geschichten, machen mit ihnen Spiele und gehen mit ihnen in den Wald. Sie betreiben mit den Kindern einen kleinen Tierpark und leiten sie an, wie die Tiere möglichst artgerecht gehalten werden. Behinderte und kranke Menschen können von den Mitbewohnern und Fachleuten, die hinzugezogen werden, betreut und gepflegt werden. Eine Gemeinschaft kann die Befriedigung der emotionalen und sozialen Bedürfnisse von älteren Menschen weitaus besser gewährleisten und ihre Pflege weitaus kostengünstiger erbringen als Alters- und Pflegeheime.

Das Zusammenleben in einer Gemeinschaft ist nie konfliktfrei. Damit Konflikte konstruktiv gelöst werden können, braucht es tragfähige Beziehungen und einen regelmäßigen Austausch. Dazu dienen Versammlungen, in denen das Zusammenleben, Meinungsverschiedenheiten, anstehende Aufgaben besprochen und Entscheidungen, die alle betreffen, gemeinsam gefällt werden. An solchen Versammlungen nehmen alle Mitbewohner teil, je nach Diskussionsthema auch die Kinder und Jugendlichen, wenn zum Beispiel der Spielplatz neu gestaltet oder ein größerer Raum für die Jugendlichen gefunden werden soll. Je mehr sich die Kinder und Erwachsenen aktiv am Gemeinschaftsleben beteiligen, desto konfliktfreier wird sich das Zusammenleben gestalten.

Was hält die Gemeinschaft zusammen? Wird eine Gemeinschaft nur als lockerer Zusammenschluss verstanden, verfehlt sie ihren Zweck und wird nicht lange Bestand haben. In der Vergangenheit haben die Menschen ihre Grundbedürfnisse ausschließlich in der Familie und Lebensgemeinschaft befriedigt. Zusätzlich wurden sie durch eine eigene Sprache, Bräuche, Sitten und religiöse Vorstellungen in die Gemeinschaft eingebunden. Ein solch emotionaler, sozialer und existenzieller Kitt kann – wenn auch nicht im gleichen Ausmaß wie bei unseren Vorfahren – in einer Gemeinschaft entstehen, wenn die Bereitschaft, das Leben solidarisch zu meistern, ausreichend vorhanden ist. Die Menschen sollen sich nicht nur wohlfühlen, sondern auch die Erfahrung machen: Es lohnt sich, in einer Gemeinschaft zu leben, und aus diesem Grund bin ich auch bereit, Kraft und Zeit dafür aufzuwenden.

Gemeinschaften gründen – Worauf es ankommt

Von Immobilienunternehmen errichtete Siedlungen, in denen sowohl Familien als auch ältere Menschen wohnen, gibt es schon lange. Daraus sind nur ausnahmsweise Gemeinschaften entstanden, bei denen sich die Bewohner aktiv um ein Zusammenleben bemüht haben. Eine aktive und beziehungsfähige Gemeinschaft kann nur aus einer Basisbewegung heraus entstehen, in der sich Menschen zusammenfinden, die gemeinsame Interessen und Wertvorstellungen verbinden und – im Idealfall – einen Lebenstraum verwirklichen wollen. Sie müssen bereit sein, viel Kraft, Unternehmergeist und Zeit dafür aufzubringen, um die Voraussetzungen für eine tragfähige Gemeinschaft zu schaffen. Eine solche Basisbewegung anzustoßen ist heute mit Hilfe des Internets sehr viel einfacher geworden.

Bei der Planung einer Wohngenossenschaft geht es in einer ersten Phase darum, sich darüber einig zu werden, wie man leben will. Die Planung der Siedlung und ihrer Umgebung bestimmt, ob Kinder, Erwachsene und auch ältere Menschen ein Leben werden führen können, das ihnen entspricht. Sehr hilfreich ist dabei ein intensiver Austausch mit bereits bestehenden Wohngemeinschaften, um nützliche Anregungen zu erhalten und Fehler zu vermeiden. Sind sich alle Beteiligten einig, gründen sie eine Wohngenossenschaft, an der sie sich finanziell beteiligen.

Die Wohngenossenschaft erwirbt Liegenschaften mit bereits bestehenden Wohnhäusern, die sie so umgestaltet, dass ein gemeinsamer Lebensraum entsteht. Idealerweise kann ein noch unbebautes Grundstück erworben und darauf eine Siedlung nach den Vorstellungen der Wohngenossenschaft errichtet werden. Mit der Planung und Durchführung des Bauprojektes werden Architekten beauftragt, die solche Projekte bereits erfolgreich ausgeführt haben und die eingehend besichtigt werden können.

Um Lebensräume zu schaffen, in denen sich die Menschen wohlfühlen, werden bei der Planung und beim Bau oder Umbau einer Liegenschaft alle, auch die Kinder und Jugendlichen (!), miteinbezogen. Wie sollen die Wohnungen und Begegnungsräume gestaltet werden? Sind verstellbare Wände in den Wohnungen sinnvoll, um die Wohnungen flexibler zu gestalten? Welche Treppen und Lifte sind besonders geeignet für ältere Menschen? Wie sollen die Gärten und Spielplätze aussehen? Neben ökologischen Aspekten wie Erdwärme und Sonnenkollektoren sollten auch neue Bauformen berücksichtigt werden, etwa Bungalows aus Holz, die unterschiedlich genutzt und mit wenig Aufwand zu Musik-, Bastel- oder Werkräumen umgebaut werden können. Die Spielplätze werden möglichst kindgerecht und naturnah angelegt. Sie sind beispielsweise – was jedes Kinderherz erfreut – mit Baumaterialien wie Holz, Sand und Steinen ausgestattet, einem kleinen Bach, der in einen Teich mündet, Bäumen, auf die die Kinder klettern können, und natürlich auch einer großen Wiese für Ballspiele. Die Umgebung der Siedlung wird so angelegt, dass sich die Kinder möglichst frei und ohne ständige Aufsicht darin bewegen und spielen können. Schließlich wird die Wohnsiedlung architektonisch und ästhetisch so gestaltet, dass sie einen unverwechselbaren Charakter bekommt.

Gemeinsames Planen und Bauen ist aufwendig, gewährleistet aber die erhoffte Lebensqualität und verstärkt das Zusammengehörigkeits- und Verantwortungsgefühl für das Gemeinwesen. In einer Zeit, in der man beim Wohnen hochgradig fremdbestimmt ist, ist es geradezu ein Befreiungsakt, mitentscheiden zu dürfen, wie man leben will. Und es macht unglaublich große Freude, erleben zu dürfen, wie die Siedlung entsteht.

Gesellschaft und Staat unterstützen und profitieren

Es ist eine der großen Aufgaben von Gesellschaft und Staat, dafür zu sorgen, die Lebensräume zukünftig so zu gestalten, dass die Menschen ein passendes Leben führen können. Um das zu ermöglichen, fördert der Staat neue Formen des Zusammenlebens, indem er die Familien mit Steuererleichterungen und die Wohngenossenschaften mit günstigen Hypotheken unterstützt. Er schafft Rahmenbedingungen in der Raumplanung und der Gesetzgebung, die den gemeinschaftlichen Wohnungsbau erleichtern. Die Eigentumsrechte werden angepasst und die Wohngenossenschaften mit rechtlichen Auflagen geschützt, so dass sie dem Immobilienmarkt weitgehend entzogen werden. In der Verkehrsplanung sorgt der Staat dafür, dass die Siedlungen der Wohngenossenschaften möglichst gut erschlossen werden und der öffentliche Verkehr Vorrang vor dem Privatverkehr bekommt.

Lebensgemeinschaften entlasten den Staat weit mehr, als sie ihn kosten. Alle Länder Europas stecken in einer demographischen Falle. Der Anteil der alten Menschen an der Bevölkerung nimmt ständig zu und damit auch die finanziellen Aufwendungen für soziale Leistungen wie Altersrente und den Unterhalt von Pflege- und Altersheimen. Andererseits nimmt die Anzahl der Erwerbstätigen, die für die Kosten aufkommen müssen, immer weiter ab. Die Leistungen, die von Wohngemeinschaften bei der Betreuung von betagten, behinderten und kranken Menschen wie auch Kindern erbracht werden, sind für den Staat weitaus kostengünstiger als der Betrieb von Pflege- und Altersheimen wie auch von Kitas und Horten.

Noch bedeutsamer als die finanzielle Entlastung ist für die Gesellschaft, dass die Gemeinschaften dem Staat Aufgaben abnehmen, die er selbst nicht befriedigend erbringen kann. Kinder und alte Menschen können in Lebensgemeinschaften viel besser und umfassender betreut werden als in staatlichen Einrichtungen.

»Wie Menschen denken und leben, so bauen und wohnen sie« (Johann Gottfried von Herder, 1744–1803). Genauso gilt: Wie Menschen bauen und wohnen, so denken und leben sie. All die Menschen, die in einer Lebensgemeinschaft leben wollen, sollten die Möglichkeit dazu haben. Und sie werden es nicht bereuen. Die finanziellen Belastungen werden deutlich geringer ausfallen. Eltern können Familie und Beruf besser vereinen. Das Leben bekommt für alle wieder mehr Sinn. Die Menschen kreisen nicht mehr nur um ihr eigenes Wohlbefinden, sondern nehmen Anteil am Leben anderer. Sie freuen sich, wenn es ihren Mitmenschen gut geht, trösten und unterstützen sie in schweren Zeiten. Die Gemeinschaft hat ihre Bestimmung gefunden, wenn die Menschen sich aufgehoben fühlen und selbstbestimmt ihre Individualität leben dürfen.

Ein kompetenter Staat und eine demokratische Gesellschaft

In den Medien tobt ein Kampf um Facts und Fakes, Wahrhaftigkeit und Verschwörungstheorien. Dieses Meinungschaos sollten wir nicht nur der Unmenge an Informationen zuschreiben. Es spiegelt auch das fehlende Vertrauen in Gesellschaft und Wirtschaft wider sowie eine Perspektivlosigkeit. Die Menschen sind verunsichert und orientierungslos, was sich in einer zunehmenden Politikverdrossenheit äußert. Die Bevölkerung glaubt nicht mehr, dass die Politiker noch fähig sind, die anstehenden Probleme wie Migration und demographische Überalterung zu meistern. Seit der Finanzkrise 2008 ging auch das Vertrauen in die Wirtschaft immer mehr verloren. Die Corona-Pandemie 2020 zeigte mit einer rekordhohen Arbeitslosigkeit einmal mehr auf, wie verwundbar die Wirtschaft geworden ist.

Die großen Volksparteien, die seit 70 Jahren das politische Geschehen in Europa bestimmt haben, sind auf Talfahrt oder sogar in Auflösung begriffen. Sie haben in den letzten Jahren immer mehr an Glaubwürdigkeit und damit auch an politischer Macht eingebüßt. Mehr als 100 Jahre alte Gesellschaftsmodelle wie liberale Marktwirtschaft und Sozialismus haben ihre politische Gestaltungskraft weitgehend verloren. Als Ersatz für die traditionellen Parteien entstanden neue Parteien, die sich vermehrt der Probleme der Zeit und der aktuellen Nöte der Menschen annehmen. So setzen sich die Grünen Parteien für eine klimaverträgliche Umwelt ein. Rechtsextreme Parteien wie die AfD in Deutschland und der Front National in Frankreich betreiben eine Identitäts- und Anti-Migrationspolitik. Wird die Gesellschaft, wenn die Parteien immer weniger verlässliche politische Leitlinien und Strukturen gewährleisten, mittelfristig überhaupt noch funktionstüchtig sein?

Wir leben in einer merkwürdigen Zeit, einer Zeit ohne politische Theorien, Ideologien oder gar Visionen. Noch im Wohlstand schwelgend, scheint kein Bedarf daran zu bestehen. Der Philosoph Herbert Schnädelbach hat es folgendermaßen auf den Punkt gebracht: »Die vollkommene Anpassung des Bewusstseins und seine objektive Unfähigkeit, sich Alternativen zum Bestehenden auch nur vorzustellen, ist die Ideologie der Gegenwart.«

Ich möchte Sie zu einem Gedankenexperiment einladen. Gehen wir von folgender These aus:

Die Aufgabe von Gesellschaft und Staat ist es, dafür zu sorgen, dass die Menschen ihre Grundbedürfnisse befriedigen und ein selbstbestimmtes Leben führen können.

Wir wollen dafür die folgenden Fragen beantwortet haben:

- Wie muss eine Regierung konzipiert sein, die die Befriedigung der Grundbedürfnisse der Bevölkerung gewährleisten kann?
- Wie muss ein Parlament aussehen, dessen Delegierte die Bürger glaubwürdig vertreten und es als ihre Aufgabe ansehen, dafür zu sorgen, dass die Grundbedürfnisse der Menschen befriedigt werden?
- Wie müssen die demokratischen Strukturen reformiert werden, damit sich die Bürger wieder ernst genommen fühlen, sich aktiv an Entscheidungsprozessen

beteiligen und sich mit der Gesellschaft identifizieren können?
- Wie kann ausreichend Transparenz in den Medien und öffentlicher Dialog her- und sichergestellt werden, damit die Bürger Vertrauen in den Staat haben?

Antworten auf diese Fragen zu finden dürfen wir nicht mehr den Politikern überlassen. Wenn wir mündige Bürger sein wollen, müssen wir selbst nach Lösungen suchen.

Eine sachkundige Regierung formen

Mir ist kein Land bekannt, das ohne ein Staatsoberhaupt auskommen würde. Offensichtlich verlangen wir immer noch nach einer Person, die uns anführt, und sind auch bereit, ihr zu folgen. Auch in einer überaus komplexen Gesellschaft wie der unsrigen vertrauen wir immer noch Politikern, die vorgeben, alles im Griff zu haben. Archaische Vorstellungen haben wir so sehr verinnerlicht, dass es uns nicht in den Sinn kommt, sie in Frage zu stellen. Die Autoritätsgläubigkeit ist eine solche Vorstellung, die wir so schnell wie möglich loswerden sollten.

Wie in Teil I beschrieben, haben sich soziale Hierarchien, die von einem Oberhaupt, oft von einem Rat der Alten unterstützt, angeführt wurden, während weit mehr als 100 000 Jahren bewährt. Doch sie standen an der Spitze von überschaubaren Gemeinschaften und nicht von Massengesellschaften mit Millionen von Menschen. Sie befanden sich unter sozialer Kontrolle und verfügten nur über eine sehr begrenzte Macht. Die heutigen Regierungen handeln weitgehend anonym und sind mit einer enormen Machtfülle ausgestattet. Das hat sich – welche Ironie der

Geschichte – bereits auf dem Höhepunkt der Aufklärung gezeigt. Napoleon Bonaparte krönte sich selbst zum Kaiser und überzog ganz Europa mit Krieg. Im 20. Jahrhundert haben Diktatoren wie Hitler, Franco, Mussolini und Stalin unvorstellbares Elend über Europa gebracht. Demagogen gibt es auch heute noch weltweit, etwa Erdogan, Kim Jong-un und Putin. Der Kriegsverbrecher Baschar al-Assad trieb mehr als 11 Millionen Menschen in die Flucht, seine Armee tötete mehr als 500 000 Menschen, und die Weltgemeinschaft lässt ihn immer noch gewähren.

Viele Menschen sind nach wie vor überzeugt davon, dass sich nach den Erfahrungen im Zweiten Weltkrieg eine solche Tragödie in Europa niemals wiederholen würde. Doch wenn der Wohlstand abnimmt, soziale Unruhen sich breitmachen, kann nicht auch bei uns ein neuer Führer als Heilsbringer erscheinen? Viktor Orban hat in Ungarn die Corona-Pandemie dazu missbraucht, seine Machtbefugnisse extrem auszubauen. Sind unsere demokratischen Institutionen wirklich stark genug, um uns gegen Machtmissbrauch zu schützen? Und wäre nicht eine Regierung mit einem Staatsoberhaupt ohne Macht und mit lediglich repräsentativen Aufgaben sinnvoll und denkbar? Wir werden am Schluss dieser Ausführungen darauf zurückkommen.

Eine Regierung darf sich nicht mehr aus Ministern zusammensetzen, deren einzige Qualifikation in einer parteipolitischen Karriere besteht. Sie braucht Minister, die über eine möglichst hohe Kompetenz in ihrem Ressort verfügen, beispielsweise dem Gesundheitswesen. Ministerposten dürfen nicht mehr von den Parteien besetzt werden. Es ist die Aufgabe des Parlaments, jeden Ministerposten auszuschreiben und diejenige Person in einem strengen

Auswahlverfahren zu finden, die für das Ministerium am besten geeignet ist. Beispielsweise einen Chefarzt und Professor für Medizin oder einen Krankenhausdirektor, der sich in allen Belangen des Gesundheitswesens bestens auskennt. Virginia war unter den 50 Staaten der USA einer derjenigen, der die Corona-Pandemie am besten gemeistert hat. Der Gouverneur Ralph Northan war ein erfahrener Mediziner, der sich frühzeitig mit kompetenten Epidemologen zusammengesetzt und eine wirksame Strategie ausgearbeitet hat.

Das zweite Kriterium neben der Kompetenz ist der Umgang mit der Macht. Die Minister sind in ein kollegiales Regierungssystem eingebunden. Und sie verfügen in ihrem Bereich nur über eingeschränkte Entscheidungsmacht. Weitreichende Entscheidungen werden im Ministerrat durch Mehrheitsbeschluss gefasst. Deren Tätigkeit wird vom Parlament überwacht. Die Regierung und die Ministerien informieren in Internetportalen die Bevölkerung regelmäßig und ausführlich über ihre Tätigkeiten und anstehenden Projekte.

Der Präsident wiederum wird vom Parlament oder vom Volk direkt gewählt. Er verfügt nur über sehr beschränkte Entscheidungsbefugnisse. Seine Hauptaufgabe besteht darin, den Nationalstaat nach innen und außen zu repräsentieren. Der Präsident sollte eine Persönlichkeit mit klaren ethischen Grundsätzen sein.

Ich habe mir diese Skizze einer Regierungsform, in der Kompetenz, parlamentarische Kontrolle und Beschränkung der Macht wegleitend sind, nicht ausgedacht. Das meiste davon beschreibt die Strukturen in der Schweizer Bundesregierung, insbesondere was das kollegiale Regierungssystem und die Rolle des Bundespräsidenten betrifft.

Diese Regierungsform hat sich seit mehr als 150 Jahren bewährt. Was nicht bedeutet, dass kein Verbesserungsbedarf besteht, etwa bei der Wahl der Minister. Leser und Leserinnen mögen nun einwenden, eine solche Regierungsform könne in einem kleinen Land wie der Schweiz durchaus erfolgreich sein. Ich meine, in einem großen Land ist die Begrenzung der Macht durch ein kollegiales Regierungssystem und der Verzicht auf einen mächtigen Präsidenten noch weitaus wichtiger.

Die Legislative zur stärksten politischen Macht machen

Der Legislative obliegt, wie ihr Name besagt, die Gesetzgebung und – von Land zu Land unterschiedlich stark – die Aufsicht über die Regierung und Verwaltung. Sie besteht in den meisten Ländern aus zwei Kammern. Die Delegierten der ersten Kammer vertreten die Bürger eines Wahlkreises. In der zweiten Kammer sitzen die Vertreter von Regionen wie Bundesländer oder Provinzen. Nicht nur die Exekutive, auch die Legislative hat einen hohen Reformbedarf.

Das Vertrauen der Bevölkerung in die Politik hängt in einem hohen Maß davon ab, ob die Bürger die Delegierten kennen und wissen, was sie leisten. Das ist heute kaum mehr der Fall. Viele Wähler kennen sie, wenn überhaupt, lediglich aus den Medien, und die Delegierten sind ihnen keine Rechenschaft schuldig. Es erstaunt daher nicht, dass die Bürger sich von den Politikern vernachlässigt fühlen und sich immer weniger an Wahlen beteiligen. Ein Grund für den Erfolg der rechtsextremen Parteien in Europa ist, dass sie sich mehr als die tradierten Parteien um Bürgernähe bemühen.

Ein weiteres großes Problem besteht darin, dass sich die Delegierten nicht ihren Wählern, sondern der eigenen Partei verpflichtet fühlen. Die meisten Delegierten werden nicht wegen ihrer ausgewiesenen Kompetenzen gewählt, sondern weil sie einer bestimmten Partei angehören. Was aber geschieht, wenn die Volksparteien in den nächsten Jahren immer mehr an Profil und Führungsstärke verlieren oder wie die Sozialistische Partei in Frankreich ganz verschwinden? An wem sollen sich die Bürger dann noch orientieren? Implodiert dann gar das ganze politische System eines Landes?

Werden Parlamentarier gefragt, wofür sie gewählt werden, antworten sie in der Regel: Sie fühlten sich verpflichtet, für das Wohl der Bevölkerung zu sorgen. Derzeit bestimmen noch die Parteien, was die Delegierten darunter zu verstehen haben. Stellen wir uns einmal vor, die Bürger würden von den Parlamentariern verlangen, dass es ihre Hauptaufgabe ist, ihre Grundbedürfnisse zu befriedigen. Dies würde voraussetzen, dass die Parlamentarier über ein entsprechendes Menschenbild und detaillierte Kenntnisse darüber verfügen, worin die Grundbedürfnisse bestehen und welche Institutionen dafür verantwortlich sind. Zur Wahl würden nur noch Personen vorgeschlagen, die über ausgewiesene Kenntnisse verfügen, etwa darüber, wie das Bildungswesen gestaltet sein muss, damit Kinder und Erwachsene ihre Fähigkeiten entfalten und sich Fertigkeiten und Wissen aneignen können. In bestimmten Bereichen würden die Parlamentarier sich weiterbilden und durch langjährige Erfahrungen zu ausgewiesenen Experten werden, beispielswiese im Sozialwesen. Bestimmend bei der Wahl wären zudem Persönlichkeit, Lebenseinstellung und Lebenserfahrung der Kandidaten. Die Delegierten würden nicht mehr eine Parteidoktrin vertreten, sondern die Interessen der Bürger.

Inwieweit Parlamentarier wirklich bereit sind, sich für das Wohl der Bevölkerung einzusetzen, hängt wesentlich davon ab, wie wichtig ihnen ihr eigenes Wohl ist. In der Schweiz wie in vielen anderen Ländern auch sind viele Parlamentarier auf das engste mit Interessengruppen, insbesondere der Wirtschaft, verbandelt. Sie haben beispielsweise Verwaltungsratsmandate bei Finanzgesellschaften und Krankenkassen inne. Sie werden von Lobbyisten angegangen und sollen deren Interessen im Parlament einbringen. Es kommt sogar vor, dass Lobbyisten Einfluss auf den Inhalt und die Formulierung von Vorlagen und Gesetzesentwürfen nehmen. Zukünftig wären den Parlamentariern alle Tätigkeiten untersagt, die sie in ihrer Entscheidungsfreiheit beeinflussen könnten. Dafür würden sie ausreichend entlohnt.

Interessengruppen etwa aus der Wirtschaft sollen keineswegs ausgegrenzt werden. Im Gegenteil, sie sollen vermehrt, aber transparent eingebunden werden. Denkbar ist beispielsweise eine dritte Kammer, die sich aus Delegierten aller großen staatlichen Institutionen wie Bildungs- und Gesundheitswesen sowie wichtigen Bereichen der Wirtschaft wie Banken- und Versicherungswesen, Landwirtschaft und kleinen und mittleren Unternehmen zusammensetzt. Die Aufgabe der Delegierten ist es, die Interessen ihres Bereiches in Parlament und Regierung einzubringen. Sie täten dies nun für die Bevölkerung transparent und nicht mehr durch verstecktes Lobbying.

Basisdemokratie stärken und kulturelle Identität schaffen

Eine echte Demokratie zeichnet sich dadurch aus, dass die Bürger sich ausreichend vertreten fühlen und sich aktiv an der Gestaltung von Gesellschaft und Staat beteiligen können. Ein weiteres Merkmal einer Basisdemokratie ist, dass die Entscheidungsmacht und damit auch die Verwendung der Finanzen möglichst nach unten verlagert werden. In einer Massengesellschaft ist eine Stärkung und vermehrte Autonomie der regionalen Regierungen und Parlamente dringend notwendig, um die Menschen am politischen Geschehen aktiv zu beteiligen. So könnten beispielsweise Gemeinschaften weitaus effektiver gefördert und Infrastrukturen besser an die lokalen Bedürfnisse angepasst werden. Die kulturelle Verbundenheit könnte gefördert werden, beispielsweise durch regionale Eigenheiten beim Häuserbau.

Die ultimative Form der Basisdemokratie ist die direkte Demokratie. Sie erlaubt der Bevölkerung, direkten Einfluss auf die Gesetzgebung und Entscheidungsfindung von Parlament und Regierung zu nehmen. Dafür stehen in der Schweiz zwei Instrumente zur Verfügung. Zum einen kann eine Initiative für eine Gesetzesvorlage eingereicht werden. Die Initiatoren verlangen beispielsweise, dass der Privatbesitz von Grund und Boden abgeschafft wird, er sollte wie Luft und Wasser Allgemeingut werden. Grundstücke können für eine begrenzte Dauer vom Staat gepachtet werden. Die Initiative wird folgendermaßen begründet: Die Planung und Verwendung des Bodens, beispielsweise für Lebensgemeinschaften, wird den Bedürfnissen der Menschen besser gerecht, und Immobiliengeschäfte, die der Allgemeinheit nicht dienen, können unterbunden werden.

Wird die vorgeschriebene Anzahl Unterschriften eingesammelt, kann die Gesetzesvorlage der Bevölkerung zur Abstimmung vorgelegt werden.

Zum anderen besteht die Möglichkeit, ein Referendum einzureichen. Mit seiner Hilfe können eine Entscheidung oder ein Gesetz von Regierung und Parlament außer Kraft gesetzt werden. Plant die Regierung beispielweise eine massive Erhöhung des Verteidigungsetats, kann das mit einem Referendum verhindert werden. Die Initiatoren sammeln Unterschriften. Sind sie erfolgreich, legen sie der Bevölkerung das Referendum zur Abstimmung vor.

Eine Grundbedingung für eine sinnvolle direkte Demokratie besteht darin, dass jeder Abstimmung eine umfassende Diskussion in den Medien und bei öffentlichen Veranstaltungen der Vorlage vorausgeht. Die Bevölkerung muss verstehen, worum es bei einer Initiative oder einem Referendum geht. Es war ein unverzeihlicher Fehler der britischen Regierung, dass sie eine Volksabstimmung über den Brexit durchführen ließ, ohne zuvor mit der Bevölkerung eine ausführliche Debatte über die möglichen positiven und negativen Auswirkungen eines Austrittes aus der EU geführt zu haben. Es gibt Politiker, die der Meinung sind, dass die Bevölkerung komplexe Sachverhalte nicht verstehen könne und deshalb darüber auch nicht entscheiden sollte. Das war beispielsweise die Haltung vieler Politiker, als es in Deutschland um die Einführung des Euro ging. Eine solche überhebliche Einschätzung der Bevölkerung entspricht nicht meinen Erfahrungen in der Schweiz und stellt eine Missachtung des Volkswillens dar.

Die vierte Gewalt glaubwürdig und unabhängig machen

Die Befürchtungen, dass die Digitalisierung zu einer totalen Überwachung der Bevölkerung führen könnte, sind berechtigt. Das Internet und die Medien bieten jedoch auch die große Chance, Transparenz in Gesellschaft, Staat und Wirtschaft in einem Ausmaß zu schaffen, wie es in der Vergangenheit nicht möglich war. So könnten beispielsweise die Parlamentarier verpflichtet werden, auf einer eigenen Plattform darzulegen, welche Kompetenzen und Vorstellungen sie mitbringen, welche Überzeugungen sie zu den wichtigsten Bereichen von Gesellschaft, Staat und Wirtschaft vertreten, was sie bisher erreicht haben und wie ihre Pläne für die Zukunft aussehen. Genauso könnte die Regierung ausführlich darlegen, wie die Ministerien und die Verwaltung arbeiten, was erreicht worden ist und welche Entscheidungen anstehen.

Es wird nicht gelingen, die Medien von Fake-News und Verschwörungstheorien freizuhalten. Das beste Gegenmittel sind Newsportale, die einer hohen Ethik in der Berichterstattung verpflichtet sind. Sie müssten geschützt und mit den notwendigen finanziellen und personellen Mitteln ausgestattet werden. Vielen Regierungen, selbst in demokratischen Ländern, sind die Medien ein Dorn im Auge. Sie versuchen sie zu kontrollieren und zu beeinflussen. Eine Gesellschaft, die nicht für glaubwürdige und unabhängige Medien sorgt, untergräbt auf Dauer die Demokratie.

Die Wirtschaft neu denken

Mir ist kein Roman, Film oder Theaterstück bekannt, das einzig und allein davon schwärmt, wie wunschlos glücklich es sich im Paradies lebt. Es wäre die ultimative Langeweile. Was die Menschen aber geradezu süchtig macht, sind Tragödien im Kleinen und Großen und wie man sie erfolgreich bewältigen kann. Tragödien beziehen ihre suggestive Macht aus den uralten, übermächtigen Ängsten, die wir alle im Unbewussten mit uns herumtragen: nicht zu überleben, an Krankheiten zu sterben, umgebracht zu werden, nicht mehr zur Gemeinschaft zu gehören, nicht mehr geliebt oder sogar ausgestoßen zu werden. So sitzen die Menschen jeden Abend stundenlang vor dem Fernseher oder dem Tablet und schauen sich Beziehungsdramen, Action-, Kriminal- und Fantasyfilme an oder lesen thematisch verwandte Bücher. Schicksalsschwere Geschichten, die jedes Jahr ein bisschen mehr mit Angst und Schrecken angereichert werden, dienen als Ablenkung und Ersatz für schmerzlich vermisste Erlebnisse und Emotionen, für ein sinnerfülltes Leben.

Wir Menschen sind nicht für das Paradies gemacht, sondern für ein Leben, in dem wir herausgefordert werden. So ist es seit 300 000 Jahren. Unsere Vorfahren haben sich ständig gegen Widrigkeiten unterschiedlichster Art behaupten müssen. Sich Herausforderungen zu stellen ist so zu einem tief verankerten Lebensgefühl geworden, und Herausforderungen erfolgreich zu bewältigen trägt zum Lebenssinn bei. Welche Herausforderungen im Verlauf des Lebens bewältigt werden müssen, ist von Mensch zu Mensch unterschiedlich. Das Paradies, in dem sämtliche erdenklichen Bedürfnisse augenblicklich befriedigt werden, war nie mehr als eine Sehnsuchtsphantasie.

Im Bestreben, sich zu bewähren, und von archaischen Ängsten getrieben, entwickelten die Menschen im Verlauf der Evolution ein tiefes Bedürfnis, die Welt immer besser zu verstehen und zu beherrschen. In den vergangenen

200 Jahren verbesserten sich, dank einer exponentiellen Zunahme von Wissen, technologischem Know-how und wirtschaftlicher Umsetzung, die Lebensbedingungen in einem Ausmaß wie nie zuvor in der Vergangenheit. Daraus erwuchs uns aber auch die größte Herausforderung in der Menschheitsgeschichte: eine Klima- und Naturkatastrophe erfolgreich abzuwenden.

Ist diese globale Bedrohung allein die Folge einer völlig außer Rand und Band geratenen Wirtschaft? 1776, in der Frühzeit der industriellen Revolution, beschrieb der Philosoph und Aufklärer Adam Smith das Wesen einer freien Wirtschaft wie folgt: Der Markt ist gleichsam von einer unsichtbaren Hand gelenkt, er arbeitet nach seinen eigenen Gesetzen und entzieht sich gezielter Kontrolle. Das Dogma, dass es bezüglich Effizienz keine Alternative zur freien Marktwirtschaft gibt, hat sich bis heute gehalten, insbesondere auch, weil jede Form von gelenkter Wirtschaft, der Planwirtschaft in der Vergangenheit katastrophal versagt hat. Doch zum Wesen der freien Marktwirtschaft gehört nicht nur die unsichtbare Hand, sondern auch ein unbeschränktes Wachstum. Was manche Ökonomen ratlos macht, ja geradezu verzweifeln lässt: Aus ökologischen Gründen müssen wir zukünftig mit weniger oder sogar ganz ohne Wachstum auskommen.

Es braucht also in der Wirtschaft einen Paradigmenwechsel, der seit 250 Jahren und für viele Menschen auch heute noch als undenkbar gilt. Die Wirtschaft wird sich nicht ändern, wenn wir uns nicht ändern. Denn wir sind mit unseren Grundbedürfnissen die Treiber, Nutznießer, aber auch Sklaven der Wirtschaft – wie bereits beschrieben. Wie also müssen wir zukünftig unser Leben gestalten, damit wir immer noch die Grundbedürfnisse befriedigen können, aber der Umwelt und Natur keinen Schaden mehr zufügen? Dafür müssen wir gründlich umdenken. Wir müssen mit unseren Grundbedürfnissen umgehen lernen, und das geht wiederum nur, wenn wir uns solidarisch verhalten.

Wir sorgen uns sehr um die Tiere, die in Zoos leben. Wir bemühen uns, sie artgerecht zu halten, indem wir ihre Umgebung möglichst so wie in der freien Wildbahn gestalten. Gelingt es uns nicht, bringen wir die Tiere zurück in ihre natürliche Umgebung. Von den Menschen aber wird ganz selbstverständlich erwartet, dass sie in Wohnsilos leben, die ihren Grundbedürfnissen in keiner Weise entsprechen. Für die Bauindustrie und auch für die Politik ist nicht das Wohlbefinden der Bewohner maßgebend, sondern Wirtschaftlichkeit, Gewinnmaximierung und architektonische Selbstverwirklichung. Neuerdings träumen Architekten und IT-Spezialisten von Smarthomes und Smartcitys, kognitiv reizvolle und wirtschaftlich lukrative Herausforderungen. Soll es wirklich darum gehen, vom Arbeitsplatz aus den Herd und die Waschmaschine mit dem Smartphone zu bedienen? Oder sollten wir bei der Planung nicht vielmehr alles daransetzen, Städte und Siedlungen so zu gestalten, dass wir uns – wie zuvor ausgeführt – wohlfühlen und unsere Grundbedürfnisse befriedigen können?

Nur wenn wir unsere Lebensweise gründlich überdenken, werden wir den Interessen- und Machtkonflikt mit der Wirtschaft erfolgreich bestehen. Der Paradigmenwechsel kann nur gelingen, wenn zukünftig nicht mehr allein Gewinn und Wettbewerb bestimmend sind, sondern genauso die Bedürfnisse und die Entscheidungsmacht der Bevölkerung, beispielsweise beim Bau von Wohnsiedlungen. Die Menschen sollten sich in ihrer Wohnung wohlfühlen, die Kosten, zum Beispiel für Energie und Wasserverbrauch, sollten möglichst gering, Verkehrswege kurz und der öffentliche Verkehr kostenlos sein. Besitz und Vermögen sollten reduziert und der Boden wie Luft und Wasser Allgemeingut werden. Dazu braucht es eine Demokratie, die sich gegenüber der Wirtschaft durchsetzen kann.

Eine an den Grundbedürfnissen orientierte und klima- und naturverträgliche Wirtschaft stellt uns vor weitere Herausforderungen. Wenn wir unsere Lebensweise, insbesondere den Konsum, so einschränken, dass Klima und Natur nicht mehr darunter leiden, wird dies für uns weitreichende ökonomische Konsequenzen haben. So wird die Zahl der Arbeitsplätze in Produktion und Dienstleistung abnehmen. Arbeit für alle wird es nicht mehr geben, was wegen der zunehmenden Automatisierung und Digitalisierung der Wirtschaft sowieso eintreten wird. Und es wird folgerichtig auch zu einem deutlichen Rückgang bei Einkommen und Steuereinnahmen kommen. Wie also bestreiten wir zukünftig unseren Lebensunterhalt, und wie finanzieren wir staatliche Institutionen wie Bildungs- und Gesundheitswesen? Ökonomen suchen seit einigen Jahren nach Lösungen. So schlagen sie ein Grundeinkommen vor, das den Lebensunterhalt für alle sicherstellen soll (Straubhaar 2017). Zur Finanzierung des Grundeinkommens und der staatlichen Institutionen würde eine Transaktionsteuer auf sämtliche Leistungen erhoben, die in Produktion und Dienstleistung erbracht werden. Die Wirtschaft zu zähmen ist die eine, unsere Grundbedürfnisse zu beherrschen die andere, große Herausforderung.

Ohne eine intakte Natur haben wir keine Zukunft

> »Wir leben in einem gefährlichen Zeitalter. Der Mensch beherrscht die Natur, bevor er gelernt hat, sich selbst zu beherrschen.« *Albert Schweitzer*

Mit wachsender Besorgnis verfolgen wir, wie der CO_2-Ausstoß in der Atmosphäre ansteigt und die Verschmutzung der Meere mit Chemikalien und Plastikmüll sowie die Übernutzung der Ressourcen zunimmt. Um die Lebewesen, insbesondere die kleinen und ganz winzigen, machen wir uns deutlich weniger Sorgen. Sollten wir aber, denn sie sind für uns überlebenswichtig.

Wir unterstützen den WWF mit Spenden, damit er sich für bedrohte Tierarten wie Schneeleoparden und Nashörner einsetzt. Zu Recht, denn die Wildtiere machen unter allen Wirbeltieren, die auf dem Land leben, nur noch 3 Prozent aus. Weitaus häufiger sind wir Menschen mit 32 Prozent und am häufigsten sind Nutztiere wie Kühe und Schafe mit 65 Prozent. Die Nutztiere benötigen enorme Mengen an Futter. Dafür werden Urwälder abgeholzt, um Weideland und Ackerland für den Sojaanbau zu gewinnen. Die Nutztiere belasten zusätzlich die Umwelt, indem sie beim Verdauen sehr viel Methan in die Atmosphäre abgeben; Methan trägt wie CO_2 zur Klimaerwärmung bei. Unsere Haltung kann man nur als beschämend und ignorant bezeichnen. Wir verspeisen jedes Jahr das Fleisch von 16 Milliarden Wirbeltieren und unterstützen den WWF mit Spenden, um bedrohte Wirbeltiere zu schützen.

Stürben Schneeleoparden und Nashörner, Löwen und Elefanten aus, würden wir sie sehr vermissen, aber lebenswichtig sind sie für uns nicht. Insekten, Würmer und viel anderes Kleingetier dagegen schon. 90 Prozent der Wildblumen und ein Großteil unserer Kulturpflanzen sind von der Bestäubung durch Insekten abhängig. Wenn wir Luft, Wasser und Böden immer stärker mit Dünger, Pestiziden und Chemikalien verseuchen, sterben diese für uns lebenswichtigen Lebewesen irgendwann aus, die Böden werden unfruchtbar, und die Pflanzen gehen zugrunde. Der Insektenforscher Edward Wilson (Dohrn 2017) hat schon vor vielen Jahren gemahnt: »Wenn es keine Insekten mehr gibt, bezweifle ich, dass wir Menschen länger als ein paar Monate überleben werden.«

Genauso lebenswichtig wie Insekten und Würmer sind für uns die Bakterien. Jeder Mensch trägt etwa eineinhalb Kilogramm Bakterien mit sich herum. Der Großteil befindet sich in unserem Darm; die Bakterien helfen uns, die Nahrung zu verdauen. Ohne Darmbakterien hätten wir nicht nur allergrößte Verdauungsbeschwerden, wir würden schlichtweg verhungern. Unsere Körperoberfläche wird zudem von Bakterien bewohnt, die ebenfalls zu unserer Gesundheit beitragen. Genauso wichtig wie für uns sind die Bakterien für alle Tiere und Pflanzen, mit denen sie ebenfalls in einer Symbiose leben.

Wir kennen längst nicht alle Insektenarten und können lediglich Vermutungen über die Vielzahl von Bakterienarten anstellen, die die Erde bewohnen. Unser Wissen darüber, wie Bakterien, Tiere und Pflanzen symbiotisch zusammenleben, ist äußerst spärlich. Wir realisieren erst allmählich, dass alle Lebewesen – wir eingeschlossen – Teil eines weltumspannenden Ökosystems sind, das im Verlauf von mehr als 500 Millionen Jahren entstanden ist; einen wichtigen Beitrag dazu leisteten übrigens auch die Viren. Sollten wir aus Ignoranz wesentliche Anteile des Ökosystems zerstören, würde dies nicht unbedingt das Ende der Biosphäre bedeuten, aber mit Bestimmtheit das Ende der Menschheit.

Wenn wir zukünftigen Generationen einen lebenswerten Planeten erhalten wollen, müssen wir solidarisch mit der Natur umgehen. Das heisst, für möglichst alle Lebewesen eine Umwelt zu bewahren, die ihr Überleben und Zusammenleben untereinander und mit uns gewährleistet.

Epilog
Nur wenn wir weltweit solidarisch sind, können wir den Planeten retten

Acht Monate lang wüteten ab Juni 2019 in Australien Hunderte von Buschbränden. Eine Fläche dreimal so groß wie die Schweiz wurde verwüstet, eine Milliarde Säugetiere, Vögel und Reptilien fielen den Flammen zum Opfer, und 33 Menschen verloren ihr Leben. Wie auf der Feuerkarte der NASA aus dem All ersichtlich ist, waren die Waldbrände, die sich 2019 in Zentral- und Ostafrika ereigneten, noch weitaus größer als diejenigen in Australien. Hinzu kamen riesige Feuer im Amazonas-Regenwald, in der Tundra von Alaska und Sibirien, in den Wäldern von Indonesien, Kalifornien und Osteuropa. Feuer rund um den Globus, Mahnmal einer immer konkreter werdenden weltweiten Bedrohung.

Die Klimakatastrophe abzuwenden und die Natur zu erhalten ist nicht nur eine riesige ökologische, sondern auch eine soziale Herausforderung. Auf der Welt leben immer noch Milliarden von Menschen unter menschenunwürdigen Lebensbedingungen. Sie leiden an Armut und Hunger, fehlendem Trinkwasser und mangelhaften hygienischen Einrichtungen, unzureichender Bildung und Gesundheitsversorgung. Diese Menschen sind es auch, die am meisten unter den Folgen des Klimawandels wie Trockenheit, Überschwemmungen, ansteigendem Meeresspiegel leiden. Und sie werden, um zu überleben, auch weiterhin die Wälder abbrennen und die natürlichen Lebensräume der Tiere und Pflanzen zerstören.

Wir, die wir im größten Wohlstand aller Zeiten leben, müssen uns mit den Menschen in Armut und Elend solidarisieren. Dafür müssen wir bereit sein, sehr viel Geld und Know-how einzusetzen – in der Corona-Krise eine besonders große, aber umso dringlichere Hilfeleistung. Es wird uns längerfristig weitaus weniger kosten, als wenn wir so weitermachen wie bisher. Die beiden wichtigsten Faktoren, um Menschen aus Armut und Elend herauszuhelfen, sind Bildung und Wirtschaft. Es gilt also, in großem Umfang in Schulen und Universitäten zu investieren. Der Handel darf nicht länger ausbeuterisch und unfair sein, sondern muss vor allem dazu dienen, die Wirtschaft in den armen Ländern zu fördern. Der Raubbau von Bodenschätzen muss beendet und die Gewinne dürfen nicht mehr nach Genf und Singapur abgeführt werden, sondern müssen der Bevölkerung zugutekommen. Erst wenn die Menschen die Erfahrung machen, dass die reichen Länder ernsthaft bemüht sind, sie darin zu unterstützen, sich aus Armut und Elend zu befreien, werden sie auch bereit sein, ihren Beitrag zum Schutz von Klima und Natur zu leisten. Wenn die Menschen ihre Grundbedürfnisse ausreichend befriedigen können, werden auch Vertreibung und Migration, Gewalt und kriegerische Auseinandersetzungen ein Ende haben.

Bis vor 200 Jahren herrschte unter den Menschen eine Moral, die auf die Lebensgemeinschaft beschränkt war. Sie regelte die Beziehungen unter vertrauten Menschen und verpflichtete sie zu solidarischem Verhalten. Mit dem Einsetzen der industriellen Revolution und der Ausweitung des Handels wurde das Moralverständnis erstmals in der Menschheitsgeschichte über die Lebensgemeinschaft hinaus erweitert. Die Forderungen der Aufklärung nach Freiheit, Gleichheit und Solidarität schrieben die Nationalstaaten bei ihrer Gründung in ihren Verfassungen fest. 1948 verkündete die UNO in einer universellen Verlautbarung die Allgemeine Erklärung der Menschenrechte. Damit wurden die Grundrechte über die Nationalstaaten hinaus auf die ganze Menschheit ausgeweitet. Schließlich hat Peter Singer (2013) in seinem Werk eine Bioethik, die alle Lebewesen miteinschließt, angedacht.

Was aber bedeutet Solidarität konkret? Jeder der 7,8 Milliarden Menschen, die gegenwärtig auf der Welt leben, soll seine Individualität in Übereinstimmung mit der Umwelt leben dürfen. Aus der Sicht des Fit-Prinzips besteht wahrhaftige Solidarität darin, die Menschen darin zu unterstützen, dass sie ihre Grundbedürfnisse befriedigen und ein selbstbestimmtes Leben führen können. Eine solche Solidarität sollte gleichermaßen für möglichst alle Lebewesen auf dieser Welt Geltung haben.

Die Corona-Pandemie stellt uns vor eine epochale Bewährungsprobe. Wenn wir sie und zukünftige Pandemien erfolgreich bekämpfen wollen, braucht es eine weltweite Solidarität: Alle 7,8 Milliarden Menschen müssen geimpft werden. Und die Lebensräume der freilebenden Tiere müssen besser geschützt werden.

Literatur

Amery, C.: Global Exit. Die Kirchen und der Totale Markt. Luchterhand 2002

Baltes, P. B., Mayer, K. U.: The Berlin Aging Study. Aging from 70 to 100. Cambridge University Press 2001

Bandura, A.: Lernen am Modell. Ansätze zu einer sozial-kognitiven Lerntheorie. Klett 1976

Berger, M.: Arbeit, Selbstbewusstsein und Selbstbestimmung bei Hegel. Reihe Hegel-Jahrbuch / Sonderband 1, Akademie Verlag 2012

Bischof-Köhler, D.: Spiegelbild und Empathie. Die Anfänge der sozialen Kognition. Huber 1989

Bischof-Köhler, D.: Kinder auf Zeitreise. Theory of Mind, Zeitverständnis und Handlungsorganisation. Huber 2000

Bowlby, J.: Attachment and Loss, Bd. 1: Attachment. Hogarth Press 1969

Bowlby, J.: Attachment and Loss, Bd. 2: Separation. Basic Books 1973

Chess, St., Thomas, A.: Origins and evolution of behavior disorders. Bruner and Mazel 1984

Chomsky, N.: Aspects of the Theory of Syntax. MIT Press 1967

Club of Rome: Die Grenzen des Wachstums. Bericht des Club of Rome zur Lage der Menschheit. DVA 1972

Darwin, C.: Die Abstammung des Menschen. Nachdruck des Originals »The descent of man, and selection in relation to sex« von 1874. Salzwasser-Verlag 2009

Darwin, C.: Über die Entstehung der Arten durch natürliche Zuchtwahl. Hofenberg 2016

Descartes, R.: Meditationes de prima philosophia. Michael Soly 1641

Dixon, S., Yogman, M. W., Tronick, E., et al.: Early social interaction of infants with parents and strangers. Journal of the American Academy of Child Psychiatry 20, 1981

Dohrn, S.: Das Ende der Natur. Die Landwirtschaft und das stille Sterben vor unserer Haustür. Ch. Links Verlag 2017

Dunkake, I., Kiechle, T., Klein, M., et al.: Schöne Schüler, schöne Noten? Eine empirische Untersuchung zum Einfluss der physischen Attraktivität von Schülern auf die Notenvergabe durch das Lehrpersonal. Zeitschrift für Soziologie 41/2, 2012

Eibl-Eiblsfeldt, I.: Grundriß der vergleichenden Verhaltensforschung. Piper 1974
Eibl-Eibesfeldt, I.: Die Biologie des menschlichen Verhaltens – Grundriß der Humanethologie. Blank Media 2004
Eimas, P. D., Siqueland, E. R., Jusczyk, P., et al.: Speech Perception in Infants. Science 171, 1971
Erikson, E. H.: Kindheit und Gesellschaft. Klett-Cotta 1971
Eveleth, B., Tanner, J. M.: Worldwide variation in human growth. Cambridge University Press 1976
Falkner, F., Tanner, J. M. (Hg.): Human Growth, Bd. 2. Plenum Press 1986
Fantz, R. L.: Visual perception from birth as shown by pattern selectivity. Annals of New York Academic Science 118, 1965
Flavell, J. H., Green, F. L., Flavell, E. R.: Children?s understanding of the stream of consciousness. Child Development 64, 1993
Flavell, J. H., Green, F. L., Flavel, E. R., et al.: The development of children?s knowlegde about inner speech. Child Development 68, 1997
Gallahue, D. L.: Understanding Motor Development. Infants, Children, Adolescents. McGraw-Hill 1998
Gardner, H.: Frames of mind. The theory of multiple intelligences. Basic Books 1983
Gardner, H.: Abschied vom IQ. Die Rahmentheorie der vielfachen Intelligenz. Klett-Cotta 1999
Gilligan, C.: Die andere Stimme. Lebenskonflikte und Moral der Frau. Piper 1985
Global Wealth Report: https://www.allianz.com/v_1411376188000/media/economic_research/publications/specials/de/AGWR14d.pdf
Griffin, A. M., Langlois, J. H.: Stereotype Directionality and Attractiveness Stereotyping: Is Beauty Good or is Ugly Bad? Social Cognition, Vol. 24/2, 2006
Griffiths, J. F., Wessler, S. R., Carroll, S. B., et al.: Introduction to Genetic Analysis. Freeman 2012
Grüter, T., Grüter, M.: Prosopagnosia in Biographies and Autobiographies. Perception 36, 2007
Hattie, J.: Visible Learning. A synthesis of over 800 Meta-Analyses relating to Achievement. Routledge 2009
Hattie, J.: Visible Learning for Teachers. Maximizing impact on Learning. Routledge 2012
Iglowstein, I., Jenni, O. G., Molinari, L., Largo, R. H.: Sleep duration from infancy to adolescence: Reference values and generational trends. Pediatrics 11, 2003

Jensen, A. R., Wang, L.-J.: What is a good g? Intelligence 18, 1994
Kohlberg, L.: Moral stage and moralization. The cognitive-developmental approach. In: Lickona, T. (Hg.): Moral development and behavior: Theory, research and social issues. Holt, Rinehart & Winston 1976
Kohlberg, L.: Die Psychologie der Moralentwicklung. Suhrkamp 1996
Largo, R. H.: Lernen geht anders. Bildung und Erziehung vom Kind her denken. Piper 2012
Largo, R. H.: Wer bestimmt den Schulerfolg: Kind, Schule, Gesellschaft? Beltz 2013
Largo, R. H.: Babyjahre. Entwicklung und Erziehung in den ersten vier Jahren. Piper 2017 (a)
Largo R. H.: Das passende Leben. Fischer 2017 (b)
Largo, R. H.: Kinderjahre. Die Individualität des Kindes als erzieherische Herausforderung. Piper 2019
Largo, R. H., Beglinger, M.: Schülerjahre. Wie Kinder besser lernen. Piper 2009
Largo, R. H., Comenale Pinto, L., Weber, M., et al.: Language development during the first five years of life in term and preterm children. Significance of pre-, peri- and postnatal events. Developmental Medicine and Child Neurology 28, 1986, S. 333–350
Largo, R. H., Czernin, M.: Jugendjahre. Kinder durch die Pubertät begleiten. Piper 2011
Largo, R. H., Howard, J. A.: Developmental progression in play behavior of children between nine and thirty months of age. I. Spontaneous play and imitation. Developmental Medicine and Child Neurology 21, 1979 (a), S. 299–310
Largo, R. H., Howard J. A.: Developmental progression in play behavior of children between nine and thirty months of age. II. Spontaneous play and language development. Developmental Medicine and Child Neurology, 21, 1979 (b), S. 492–503
Largo, R. H., Weber, M., Comenale Pinto, L., et al.: Early development of locomotion. Significance of prematurity, cerebral palsy and sex. Developmental Medicine and Child Neurology 27, 1985
Lenneberg, E. H.: Biological Foundations of Language. John Wiley and Sons 1967
Lisker L., Abramson, A. S.: The voicing dimensions. Some experiments in comparative phonetics. Academia 1970
Mampel, B., Friederici, A. D., Christophe, A., Wermke, K.: Newborns? Cry Melody Is Shaped by Their Native Language. Current Biology 19, Nr. 23, November 2009, S. 1994–1997

Maslow, A. H.: Motivation und Persönlichkeit. Rowohlt 1981

Mayr, E.: Das ist Evolution. Bertelsmann 2003

Melzoff, A., Moore, M. K.: Imitations of facial and manual gestures by human neonates. Science 198, 1977

Möllers, N., Schwägerl, C., Trischler, H.: Willkommen im Anthropozän. Unsere Verantwortung für die Zukunft der Erde. Deutsches Museum Verlag 2015

Morris, D.: Körpersignale. Bodywatching. Heyne 1986

Papousek, H., Papousek, M.: Lernen im ersten Lebensjahr. In: Montada, L. (Hg.): Brennpunkte der Entwicklungspsychologie. Kohlhammer 1989

Perner, J., Wimmer, H.: John thinks that Mary thinks that. Attribution of second order beliefs by 5- to 10-year-old children. Journal of Experimental Psychology 39, 1985

Piaget, J.: Sprechen und Denken des Kindes. Schwann 1972

Piaget, J.: Das Erwachen der Intelligenz beim Kinde. Gesammelte Werke 1 (Studienausgabe). Klett-Cotta 1975

Piketty, T.: Das Kapital im 21. Jahrhundert. Beck 2014

Piketty, T.: Kapital und Ideologie. Beck 2020

Pinker, S.: The Village Effect. Why Face-to-face Contact Matters. Atlantic Books 2015

Postman, N.: Wir amüsieren uns zu Tode. Urteilsbildung im Zeitalter der Unterhaltungsindustrie. Fischer 1988

Premack, D., Woodruff, G.: Does the chimpanzee have a theory of mind? Behavioral Brain Science 1, 1978

Ramsey, J. L., Langlois, J. H.: Effects of the »beauty is good« steretoype on children?s information processing. Journal of Experimental Child Psychology 81, 2002

Rawls, J.: Eine Theorie der Gerechtigkeit. Suhrkamp 1979

Scarr, S.: Developmental theories for the 1990 s: Development and individual differences. Child Development 63, 1992, S. 1 – 19

Sennett, R.: Handwerk. Berlin Verlag 2008

Singer, P.: Praktische Ethik. Reclam 2013

Spiegel: Eine Nation im Wachkoma. 20. 06. 2015, https://www.spiegel.de/karriere/nation-mit-schlafmangel-japaner-schlafen-immer-weniger-a-1039817.html

Starkey, P., Selke, E. S., Gelman, R.: Numerical abstraction by human infants. Cognition 36, 1990

Straubhaar, T.: Radikal gerecht: Wie das bedingungslose Grundeinkommen den Sozialstaat revolutioniert. Edition Körber-Stiftung 2017

Szagun, G.: Sprachentwicklung beim Kind. Beltz 2006

Taxjustice: https://de.wikipedia.org/wiki/Tax_Justice_Network
Tomasello, M.: Die Ursprünge der menschlichen Kommunikation. Suhrkamp 2011
Wagner, W.: Wie ein alterndes Land um seine Würde ringt. DVA 2018
Watzlawick, P., Beavin, J. H., Jackson, D. D.: Menschliche Kommunikation. Formen, Störungen, Paradoxien. Huber 1974
Weiner, J.: Der Schnabel des Finken oder Der kurze Atem der Evolution. Knaur 1994
Werner, E. E.: Vulnerable but invincible: a longitudinal study of resilient children and youth. McGraw-Hill 1989
Wimmer, H., Perner, J.: Beliefs about beliefs: representation and constraining function of wrong belief in young children?s understanding of deception. Cognition 13, 1983
Winfree, A. T.: Biologische Uhren. Zeitstrukturen des Lebendigen. Spektrum 1988
World Values Survey: http://www.worldvaluessurvey.org